AMERICAN RAP

AF169008

Jan Kage

AMERICAN RAP

Explicit Lyrics –
US-HipHop und Identität

© Ventil Verlag UG (haftungsbeschränkt) & Co. KG, 2002
Abdruck, auch in Auszügen, nur mit ausdrücklicher Erlaubnis
des Verlages. Alle Rechte vorbehalten.

6. Auflage 2020
ISBN 978-3-930559-92-3

Lektorat: Martin Büsser
Layout/Satz: Oliver Schmitt
Druck: CPI books GmbH, Leck

Ventil Verlag
Boppstraße 25, 55118 Mainz
www.ventil-verlag.de

INHALT

Einleitung 7

I. Theorie 11

Kollektive Identität 13

Diskursive Kultur 15

Kapital 16

Orale Kultur 18

II. Herkunftsorte 25

Geschichte 29
- Sozialdaten 30
- Bürgerrechtsbewegung 31
- Nation Of Islam 33
- Malcolm X 35
- Black Panther Party 37
- Die Riots 38

Musikalische Traditionen 40

III. Die HipHop-Kultur 45

Die DJs 47
- Sampling 52

Exkurs 53

Graffiti 56

Die Sprache des HipHop 58
- Die Anfänge des Rap 64
- Def Jam 68
- Public Enemy 73
- Gangsta-Rap 78
- Consciousness 88

- Die Native-Tongues-Family 88
- Weitere »Bewusste« 94
- Rap und soziales Engagement 100
- Rap und Zensur 103
- Illness 107
- Die Imperien 109
- Tupac 111
- Eminem – Fear of a White Rapper 114

Interviews 117

Mike Ladd 117

RZA 120

IV. Die diskursive Konstruktion afroamerikanischer Identität 127

Der »Nigger« und das Ghetto 129

Zwischen Civil Rights und Black Panther – Rap und Politik 131

Die ökonomische Perspektive 136

Reaktionen auf HipHop und Überlegungen zu seiner gesamtgesellschaftlichen Relevanz 139

Konstruktion des Machismo 142

V. Schluss 145

Anmerkungen 152

Quellen 156

EINLEITUNG

Dieses Buch beschäftigt sich mit der US-amerikanischen HipHop-Kultur. Sie entstand in den Siebzigerjahren in den verarmten New Yorker Stadtteilen Harlem und Bronx – beide vorwiegend von US-Bürgern »schwarzer« Hautfarbe bewohnt. Sie waren es auch, die HipHop erfunden und größtenteils definiert haben. Zwar brachten sich gerade in den Anfangsjahren – aber auch später immer wieder – Musiker hispanischer (die in den USA nicht als »weiß« gelten) und im Laufe der Achtzigerjahre solche angelsächsischer Abstammung in die Bewegung ein; der überwiegende Teil der Aktivisten blieb allerdings »schwarz«[1]. Durch diese Konstellation ist die öffentliche Wahrnehmung von HipHop geprägt. Dafür spricht auch die international unbestrittene Tatsache, ihn ins Marktsegment »Black Music« einzuordnen.

Viele der Inhalte, die im HipHop explizit wie implizit behandelt werden, sind der afroamerikanischen Lebenswelt entnommen. Sie reichen von der Animation zum Tanz bis hin zu Afrozentrismus und behandeln in der weiten Spanne zwischen diesen beiden Polen Phänomene und Klischees der Lebenswelt junger schwarzer, urbaner und vorwiegend männlicher US-Bürger.

Das vorliegende Buch entstand 1999 als Diplomarbeit in politischer Theorie, sein ursprünglicher Titel lautete: »HipHop – diskursive Kultur und die Konstruktion kollektiver afroamerikanischer Identität«. Darin findet sich die zentrale These bereits angedeutet: Die HipHop-Bewegung stellt heute den diskursiven Rahmen der jungen Afroamerikaner – grob gesprochen, der unter Vierzigjährigen –, indem sie eine kollektive Identität innerhalb der rassistisch (der Kategorie Rasse folgenden) strukturierten Gesellschaft der USA definiert. Dies geschieht in Form einer Wiederaneignung beziehungsweise Rückeroberung der Definitionsmacht über die eigene Identität, welche der Gruppe bislang aufgrund ihrer Hautfarbe stets von außen zugeschrieben wurde. Die Selbststigmatisierung der Rapper als »Nigger« etwa ist ein Beispiel für die Neubelegung von Idiomen, die bislang der Diskriminierung dienten. Dazu jedoch später mehr.

In einer modernen Gesellschaft ringen verschiedene gesellschaftliche Gruppen um Einfluss und Repräsentanz. Hierzu etablieren diese Gruppen Diskurse, die – jeweils für sich genommen, graduell abgestuft – Definitionsmacht über das Verhandelte wie das Soziale besitzen. Diese Diskurse schließen sich teils gegenseitig aus, teils überschneiden sie sich und kulminieren in Mainstream-Diskursen. Um wen es sich bei den diskursführenden Gruppen handelt, entscheidet sich je nach Organisationsform der betreffenden Gesellschaft oder nach unserem Blickwinkel auf die Gesellschaft.

Untersucht man die Struktur einer Gesellschaft nach ökonomischen Kriterien wie Besitz an Kapital und Produktionsmitteln, könnte man die USA als vertikal strukturierte Klassengesellschaft beschreiben, in der verschiedene Gruppen aufgrund unterschiedlichen Wohlstands einen abweichenden Zugang zur gesellschaftlichen Macht finden. Man könnte sie aber auch nach der Zugehörigkeit zu religiösen Gruppierungen untersuchen oder aber die rassistische Segregation beschreiben. Für jeden dieser Ansätze lassen sich Belege und Zeichen in der gesellschaftlichen Realität der USA finden. Und all diese Gruppen etablieren ihre eigenen Diskurse, die sich teils ergänzen, überlagern oder vollkommen ausschließen. Jede der Gruppen entwirft in ihrem Diskurs ein konkretes Bild ihrer selbst und der anderen konkurrierenden gesellschaftlichen Sphären. HipHop, so meine These, stellt diesbezüglich den zentralen Diskurs der jungen Afroamerikaner dar.[2]

Es gibt eine Vielzahl von Gründen, die hierzu führten und die ich im zweiten Teil darlegen werde. Einleitend müssen allerdings einige theoretische Überlegungen angestellt werden: Was ist kollektive Identität? Was ist Diskurs? Zur Beschreibung der Herkunftsorte von HipHop werde ich einen kurzen Überblick über die historischen, sozialen wie musikalischen Aspekte heutiger afroamerikanischer Kultur geben. Mein Hauptaugenmerk liegt allerdings auf der Beschreibung des *Wie* der Konstruktion kollektiver Identität. *Wie* wird afroamerikanische Identität im HipHop reflektiert und *was* folgt daraus? *Wie* definieren sich HipHopper selbst? *Wie* vermitteln sie dies und *welche* Ausdrucksformen nutzen oder entwickeln sie zu diesem Zweck? *Wie* werden ihre Bemühungen rezipiert? *Welche* Wirkungen entfaltet der Diskurs? Es scheint mir zwar wichtig, die kulturellen wie politischen Hintergründe der heutigen Situation zu beschreiben (auch sie gehören natürlich zum *Wie* der Konstruktion), da – wie sich zeigen wird – ein ganz zentraler Aspekt der Konstruktion kollektiver Identität im Verweis auf eine gemeinsame Geschichte besteht; der Schwerpunkt dieses Buches widmet sich allerdings den im HipHop verhandelten und transportierten Inhalten.

Viele Untersuchungen, die sich mit der Konstruktion kollektiver Identität beschäftigen, beziehen sich auf Großkollektive wie das der Nation. Die Erkenntnisse dieser Forschung sind für meine Arbeit nutzbar, da sie verallgemeinert auf die Konstruktion afroamerikanischer Identität, also die einer minoritären gesellschaftlichen Gruppe, angewandt werden können. Die primäre Zuschreibung einer Gruppenidentität wird in diesem Fall allerdings nicht von den Gruppenmitgliedern selbst vorgenommen, sondern wurde dieser Gruppe von außen durch Sklaverei und rassistische Segregation aufoktroyiert. Es handelt sich bei Afroamerikanern also nicht um Individuen, die den freien Entschluss fassen, eine gemeinsame Kultur hervorbringen zu wollen, und sich aus diesem Grund zusammenschließen, vielmehr sind sie Bürger einer modernen Gesellschaft, denen aufgrund primordialer Merkmale eine Identität und damit ein Platz in der gesellschaftlichen Hierarchie zugeschrieben wird. Es findet also eine Übertragung von biologischen Wesensmerkmalen auf konkrete Wesenheiten der Beschriebenen statt. (Der »Neger« ist faul, fröhlich, aufdringlich und laut, potent, musikalisch. Derlei »liegt ihm im Blut«, so eine oft geäußerte Annahme.)

HipHop kommt aus dem Ghetto und ist fest in einen Kontext afroamerikanischer Geschichte eingebunden. Er ist die kulturelle Ausdrucksform von Jugendlichen, denen in ihrem sozialen Raum wenige Artikulationschancen geboten wurden. Durch Graffiti fanden sie eine Möglichkeit, sich in den öffentlichen Raum einzuschreiben, durch Breakdance einen Weg, ihren Körpern neue Ausdrucksformen zu verleihen. Die Rapper erzählten wortreich vom Leben auf der Straße oder den Träumen eines B-Boys[3], und die DJs kratzten den Rhythmus einer neuen Generation der Ghettojugend ins Vinyl. Diese vier so genannten Elemente von HipHop wurden zwar erst später unter dem gemeinsamen Begriff zusammengefasst, entstanden aber zur selben Zeit, am selben Ort und in derselben Szene. Unter diesen Vorzeichen kann HipHop als kulturelle Bewegung begriffen werden, deren implizites Anliegen es ist, die Definitionsmacht über ihre – fremdzugeschriebene – Identität wiederzuerlangen. Zur Beschreibung dieser beiden Diskurse, also den der Fremdzuschreibung von Identität und den der Selbstdefinition, übernehme ich Baumanns differenzierende Begriffe des dominanten und demotischen Diskurses. »Dort, wo der dominante Diskurs kulturelle Identität als reifizierten Besitz einer jeden postulierten ethnischen Gruppe oder Gemeinschaft ansieht, hinterfragt der demotische Diskurs diese Gleichsetzung von Kultur und ethnischer Identität und löst sie auf.«[4]

Es ist auffallend, dass sich HipHop zyklisch, in regelmäßigen Abständen verändert. Sowohl der musikalische Stil wie auch differierende Inhalte werden grundlegenden Änderungen und Neuerungen unterworfen. Dieses Phänomen hat HipHop in seiner inzwischen fast dreißigjährigen Geschichte zu einem ausdifferenzierten Stiluniversum reifen lassen, dessen Aussagen sich teils diametral gegenüberstehen. Um diesen Prozess deutlich und nachvollziehbar zu machen, werden im dritten Teil des Buches einige repräsentative Stile in chronologischer Anordnung ausführlich beschrieben und ihre Inhalte an Textbeispielen verdeutlicht.

Ich werde also in einem zweiten Teil die Herkunftsorte sowohl der afroamerikanischen Gemeinde als auch des HipHop beschreiben, um mich im Hauptteil eingehend mit der HipHop-Kultur in ihren verschiedenen Ausprägungen[5] zu beschäftigen und die gewonnen Erkenntnisse immer wieder an die Ausgangsfrage – die nach dem *Wie* der diskursiven Konstruktion kollektiver Identität – heranzuführen und sie mit dieser abzugleichen. Die Frage nach der Relevanz von HipHop im Mainstream-Diskurs der USA und die Frage, inwieweit HipHop hier als Stimme der afroamerikanischen Gemeinde rezipiert wird, soll ebenfalls diskutiert werden.

I. THEORIE

Um zu untersuchen, ob es sich bei dem kulturellen Phänomen HipHop um einen minoritären Diskurs zur Konstruktion kollektiver Identität handelt, sind einige theoretische Grundlagen vonnöten. Wie schon die Fragestellung impliziert, muss zunächst geklärt werden, um was es sich bei kollektiver Identität handelt und welche Kriterien zu ihrer Beschreibung gebraucht werden.

Weiterhin muss erläutert werden, was eine diskursive Kultur und was ein Diskurs ist. Welche Determinanten bestimmen den Diskurs und welches Verhältnis geht er zur Gesellschaft ein?

Um kulturelle Prozesse beschreiben zu können, die in einem Feld zwischen sozialer Gruppe, Markt und Gesellschaft angesiedelt sind, scheint es mir sinnvoll, Bourdieus Begriffe des ökonomischen, kulturellen und sozialen Kapitals zu verwenden, da sie zur Beschreibung von Interaktionsprozessen zwischen den Sphären dienen können.

Schließlich muss erläutert werden, was eine orale Kultur ist und welche Charakteristika sie aufweist. Dies ist notwendig, da die afroamerikanische Kultur eine lange orale Tradition kennt, in die sich auch HipHop einreiht.

Wen diese theoretischen Ausführungen nicht interessieren – das sollten sie aber, du Ignorant! –, der blättert vor zum nächsten Teil.

KOLLEKTIVE IDENTITÄT

Zunächst drängt sich die Frage auf, um was es sich bei einer kollektiven Identität denn handelt. Ganz allgemein bezeichnet der Begriff »die ›Identifizierungen‹ von Menschen untereinander [...], also eine Vorstellung von Gleichheit oder Gleichartigkeit *mit anderen* [Hervorhebung im Original].«[6] Peter Wagner unterscheidet drei verschiedene sozialwissenschaftliche Identitäts-Diskurse. »In einem Diskurs wird Identität mit Kultur und Bedeutung verknüpft, in einem anderen mit Moderne und Handlung und in einem dritten schließlich mit Differenz.«[7] Identität und Differenz sind unauflösbar miteinander verbunden, denn »die Identität eines Phänomens festzustellen, bedeutet, dessen Differenz zu einem anderen Phänomen zu bezeichnen.«[8]

»Angehörige eines Kollektivs teilen ihre soziokulturelle Herkunft und eine bestimmte Tradition, gewisse Handlungs- und Lebensweisen, Orientierungen und Erwartungen, die sie nicht zuletzt eine gemeinsame Zukunft erhoffen oder befürchten lassen. Der Ausdruck der kollektiven Identität stellt eine Chiffre für dasjenige dar, was bestimmte Personen in der einen oder anderen Weise *miteinander verbindet* [Hervorhebung im Original].«[9]

Es kann also festgestellt werden, dass eine gemeinsame Vergangenheit wie auch die Erwartung einer gemeinsamen Zukunft, was immer diese bringen mag, zu den Grunddeterminanten eines sozialen Kollektivs gehören. Die gemeinsame Vergangenheit und die diskursive Erinnerung an diese dienen der Verknüpfung geschlechtlich unterschiedlicher, regional wie sozial disperser und über alle Altersklassen verteilter Individuen.

Bernhard Giesen hebt hervor, dass kollektive Identität Minderheiten das Recht auf Widerstand gegen Mehrheiten gebe und dass sie die Solidarität auch jenseits von Verwandtschaft und persönlicher Bekanntschaft fördere. Auch er betont die Bedeutung des Handelns im Kostruktionsprozess, wenn er schreibt: »Identität entsteht als Selbstbehauptung und Selbstbestimmung von handelnden Subjekten. Aber diese Selbstbestimmung gelingt nur dann, wenn sie von anderen anerkannt wird.«[10]

Die Anerkennung der Selbstzuschreibungen, welche die HipHopper vornehmen, muss also durch eine Analyse der Rezeption von HipHop innerhalb des dominanten Diskurses untersucht werden. Der Raum, in dem kollektive Identität konstruiert wird, ist »eingespannt zwischen dem Repertoire kultureller Symbole des Heiligen und Profanen, den Berechnungen des Nutzens, den heimlichen Hoffnungen auf Statusgewinn und der spontanen Sympathie mit dem anderen, den Authentizitätsbehauptungen und dem Täuschungsverdacht.«[11]

Erscheinungsformen kollektiver Identität lassen sich nach Giesen grundsätzlich aus drei Perspektiven beobachten: im Hinblick auf ihre *symbolische Codierung*, im Hinblick auf ihre Position in einem *historischen Prozess* und im Hinblick auf ihre Einbettung in eine *soziale Situation*.

DISKURSIVE KULTUR

Bleibt noch zu klären, was unter dem Begriff der »diskursiven Kultur« zu verstehen ist. »Diskurse«, so Siegfried Jäger, »üben Macht aus, sie sind selbst ein Machtfaktor und tragen damit zur Strukturierung von Machtverhältnissen in einer Gesellschaft bei. Macht setzt sich diskursiv durch.«[12]

Als Diskurs wird die Vielzahl an Stimmen bezeichnet, die sich gesellschaftlich austauschen. Der Gesamtdiskurs ist in einzelne Diskursstränge gegliedert, die sich ergänzen, überschneiden, sich widersprechen oder aber auch nichts miteinander zu tun haben. Diskurse spiegeln die gesellschaftliche Wirklichkeit aber nicht einfach wider, sondern führen gegenüber dieser ein »Eigenleben«.[13]

Diskurs kann auch nicht mit Gesellschaft gleichgesetzt werden, ist aber Bestandteil des Gegebenen, Motor gesellschaftlicher Entwicklung. Ein Diskurs wird zwar von der Gesamtheit aller Individuen gemacht, jedoch bei unterschiedlicher Beteiligung der Individuen an jeweiligen Mengen von diskursiven Strängen und unterschiedlicher Nutzung der Spielräume, die die gesellschaftlich vorgegebenen Diskurse erlauben. »Aber keines der Individuen determiniert den Diskurs. Dieser ist sozusagen Resultante all der vielen Bemühungen der Menschen, in einer Gesellschaft *tätig* [Hervorhebung im Original] zu sein.«[14]

Das Ergebnis ist etwas, das so keiner vorhersehen konnte, an dem aber alle in den verschiedensten Formen und Lebensbereichen in unterschiedlichem Ausmaß mitgewirkt haben.

So genannte diskursive Ereignisse bestimmen den Verlauf der Diskurse bzw. Diskursstränge. Bei diesen handelt es sich nicht um reale Ereignisse, wie etwa einen Reaktorunfall oder ein Wahlergebnis, sondern um den breit entfalteten Diskurs über bestimmte Themen. Dieser Punkt wird im Laufe des Buches noch exemplifiziert werden. Für den HipHop zentrale Ereignisse – wie etwa die Ermordung der Rapstars Tupac Shakur und Biggie Smalls – zogen diskursive Kreise, in denen die zukünftige inhaltliche Ausrichtung von HipHop und dem, wofür die Kultur stehen soll, verhandelt und neu bzw. redefiniert wurden. »Diskurs [steht] für eine sprachliche Formation als Korrelat zu einer ihrerseits sozialgeschichtlich zu definierenden gesellschaftlichen Praxis.«[15]

Nun wird ein Kritiker der Diskursanalyse einwenden, dass dies auf jede Form der Kultur zutreffe und somit nicht viel Erklärungskraft besitze. Im HipHop aber verläuft ein Großteil des Austausches über Sprache und andere Formen der Repräsentanz, welche im öffentlichen Raum (etwa durch die Graffitikünstler) stattfinden. Das Spiel mit Sprache ist eines seiner Wesensmerkmale, mittels dessen nicht nur a) Musik produziert wird (die Stimme als Instrument) und b) Austausch stattfindet, sondern c) auch öffentlicher Raum beansprucht und okkupiert wird. Deshalb scheint mir der Begriff geeignet, um das Spezifische, das HipHop ausmacht, zu bezeichnen. Die Kultur der Kleingartenvereine mag zwar auch ihre eigene Sprache, samt eigenen Publikationsorganen, Riten und Symbolen, kennen und somit ein eigenes Zeichensystem entwickelt haben, dennoch ist Sprache, als gesprochenes Wort, nicht das wesensprägende Element dieser Kultur.

Innerhalb dieser Untersuchung werde ich zeigen, dass sich die soziale Wirklichkeit des in der These postulierten Kollektivs der Afroamerikaner im Hip-Hop-Diskurs spiegelt und dass HipHop Resultante der Bemühungen seiner Aktivisten ist. Um zu belegen, dass es sich bei dem kulturellen Phänomen HipHop um einen Diskurs handelt, werde ich weiterhin die Existenz von diskursiven Ereignissen nachweisen.

KAPITAL

Bourdieus Begriffe des ökonomischen, kulturellen und sozialen Kapitals scheinen mir geeignet, um Prozesse zwischen HipHop-Szene, Markt und Gesellschaft zu beschreiben. Kapital bezeichnet hier akkumulierte Arbeit, »entweder in Form von Materie oder in verinnerlichter ›inkorporierter‹ Form. [...] Gleichzeitig ist das Kapital [...] auch grundlegendes Prinzip der inneren Regelmäßigkeiten der sozialen Welt.« Zur Akkumulation von Kapital allerdings brauche es Zeit.[16]

Pierre Bourdieu fügt dem ökonomischen die Begriffe des kulturellen und sozialen Kapitals hinzu, da auch sie gesellschaftliche Austauschverhältnisse beschreiben, die den Austauschenden zum Vorteil gereichen können. Die Wirtschaftstheorie, welche sich ausschließlich auf den ökonomischen Kapitalbegriff bezieht, und die gesellschaftlichen Austauschverhältnisse auf den bloßen Warentausch – geleitet vom Prinzip des Eigennutzes – reduziert, erklärt laut Bourdieu implizit alle anderen Formen sozialen Austauschs zu nicht-ökonomischen, uneigennützigen Beziehungen. »Das *ökonomische Kapital*«, ergänzt er, »ist unmittelbar und direkt in Geld konvertierbar und eignet sich besonders zur Institutionalisierung in der Form des Eigentumsrechts; das *kulturelle Kapital* ist unter bestimmten Voraussetzungen in ökonomisches Kapital konvertierbar und eignet sich besonders zur Institutionalisierung in Form von schulischen Titeln; das *soziale Kapital*, das Kapital an sozialen Verpflichtungen oder ›Beziehungen‹, ist unter bestimmten Voraussetzungen ebenfalls in ökonomisches Kapital konvertierbar und eignet sich besonders zur Institutionalisierung in Form von Adelstiteln [Hervorhebungen im Original].«

Adelstitel hat der HipHop (im Unterschied zum Jazz) zwar nicht zu vergeben, aber über Kategorien wie *Respekt* und *Props*, dem öffentlichen Lob eines anderen, wird ebenso soziales Kapital akkumuliert.

Kulturelles Kapital kann in drei Formen bestehen: 1) in *inkorporiertem* Zustand, das heißt verinnerlicht, etwa durch einen Lernprozess, als dauerhafte Disposition des Organismus, 2) in *objektiviertem* Zustand, also in Form von kulturellen Gütern, wie Büchern oder in unserem Zusammenhang Schallplatten, Instrumenten etc., oder als Theorien, welche Spuren hinterlassen haben und 3) in *institutionalisiertem* Zustand, einer Form der Objektivation kulturellen Kapitals, für den schulische Titel ein Beispiel wären. Inkorporiertes Kapital ist an die Person gebunden, die es durch Zeitinvestition erwarb, und kann nicht delegiert werden.

Soziales Kapital »ist die Gesamtheit der aktuellen und potenziellen Ressourcen, die mit dem Besitz eines dauerhaften Netzes von mehr oder weniger institutionalisierten *Beziehungen* gegenseitigen Kennens oder Anerkennens verbunden sind; oder anders ausgedrückt, es handelt sich dabei um Ressourcen, die auf der *Zugehörigkeit zu einer Gruppe* beruhen [Hervorhebungen im Original].«[17]

Der Umfang des sozialen Kapitals eines Einzelnen hängt also vom Umfang seines tatsächlich mobilisierbaren Beziehungsnetzes ab, aber auch vom Umfang des Besitzes an ökonomischem, kulturellem oder symbolischem Kapital seiner Beziehungen. Um soziales Kapital zu reproduzieren, ist es unerlässlich, Beziehungsarbeit in Form von ständigen Austauschakten zu leisten, durch die sich die gegenseitige Anerkennung immer wieder neu bestätigt. Die bekanntesten Personen einer Gruppe – in Bourdieus Worten ihre »Nobiles« (siehe S. 194), wir sprechen besser von Prominenten oder Stars – können diese als Teilgesamtheit nach außen repräsentieren. »Potenziell gilt die *Logik der Repräsentation* auch für solche Phänomene wie den ›Personenkult‹ oder die Identifikation von Parteien, Gewerkschaften oder sozialen Bewegungen mit ihrem Führer.«[18]

ORALE KULTUR

Das zentrale Element im Rap ist die Sprache. Die Rapper reflektieren ihre Umwelt sehr wortreich oder reproduzieren Klischees dieser Welt. Das Auffälligste ist zunächst, dass es sich hierbei nicht um eine schriftlich fixierte, sondern um eine oral vermittelte Form der Sprache handelt – ein Konzept, das in der Face-to-face-Situation der musikalischen Improvisation zum Tragen kommt und in der afroamerikanischen Geschichte wichtige Vorläufer kennt.

»Schwarze Geschichte wurde meist mündlich überliefert und existierte als ›oral history‹, wobei oral oft für gesungen stand. Rap-Musiker knüpfen an diese Tradition an und verstehen sich – wie Lehrer, Pastoren und Politiker – als Sinn- und Wissensstifter in der ›Black Community.‹«[19] Die Spekulation über einen Zusammenhang zwischen oraler Kultur und dem traditionell niedrigen Bildungsstand der schwarzen Unterschicht klingt plausibel, die Traditionslinien oraler Kultur reichen allerdings sehr viel weiter zurück.

Gewöhnlich wird die orale Traditionslinie der Afroamerikaner bis hin zu ihren (west-)afrikanischen Vorfahren gezogen. »Yet, the fact that the African cultures had an oral rather than a literate base and the instance of cultural isolation within the United States make it possible to suggest a new method for examining the afro american experience as a continuum.«[20]

Diese Kontinuität beginnt mit den »Griots« im Savannengürtel Westafrikas, findet seine Fortsetzung in den Arbeitsgesängen der Sklaven, den Gospelgesängen der christianisierten Schwarzen, dem Blues, Soul und heute dem HipHop. Verschiedene Gesichtspunkte verbinden den heutigen Rapper mit seinen westafrikanischen Vorfahren, und diese Traditionslinien können auf verschiedenen Ebenen gefunden werden: in der Verbindung von Sprache mit Tanz, in dem mythologischen Einschlag einiger in Rap-Texten erzählter Geschichten und in der Rolle, die der Rapper für die Gemeinschaft einnimmt.

Die Griots waren und sind nach wie vor professionelle Sänger, die in ihrer Person auch die Funktionen des Tänzers, des Geschichtenerzählers, des Geschichtsschreibers, des Mythopoeten und des Journalisten verbinden. »Die Griots«, so Ulf Poschardt, »verfügen über beißenden Spott ebenso wie über profundes Wissen der Geschichte und der gegenwärtigen Situation ihres Publikums.«[21]

Bei Ben Sidran heißt es: »If the American Negro managed to preserve his oral culture and to extend its base into the greater American society, then there exists in America even today a ›subculture‹ or ›counter-culture‹ with its own social and value structures and a mode of perceptual orientation capable of supporting such structures.«[22]

Der Gegensatz zwischen oraler und schriftlich vermittelter Kultur wird von Sidran als Schlüssel für den Konflikt zwischen dem schwarzen und weißen Amerika interpretiert, dessen Wesen von einem konträren Zugang zur Welt determiniert ist.

»Because the literate culture and the oral culture have alternative views as to what constitutes relevant, practically useful information, they impose alternative modes of perception for gathering information.«[23]

Vor allem aber die Form, in der die beiden Kulturen die gesammelte Information memorieren, unterscheidet sich voneinander. Die literarische Kultur fixiert Informationen, indem sie diese in Schrift festhält und so jederzeit wieder zugänglich macht. »Ohne Schrift besitzen die Wörter als solche keine visuelle Präsenz, auch dann nicht, wenn die Objekte, die sie repräsentieren, sichtbar sind. Sie sind Klänge. Man kann sie sich in Erinnerung ›rufen‹, sie ›zurückrufen‹. Aber man kann sie nicht nachschlagen. Sie haben kein Zentrum und hinterlassen keine Spur (...).«[24]

Einmal Gewusstes wird durch Schrift nachschlagbar, das heißt wieder zugänglich gemacht, und muss nicht memoriert werden. Diese Möglichkeit hat die orale Kultur nicht. Die Abwesenheit von Schrift erfordert andere Techniken, die es ermöglichen, die dargereichten Informationen zu memorieren. Zu diesen rhetorischen Gedächtnisstützen zählen Rhythmus, Reim und Repetition, also Wiederholung.

Michael Ventura schreibt in seinem Buch *Vom Voodoo zum Walkman* (Löhrbach, 1992) vielen afroamerikanischen musikalischen Begriffen einen afrikanischen Ursprung zu. So führt er beispielsweise den Begriff *funky* auf das Ki-Kongo-Wort »lu-fuki« zurück, das so viel wie »positiv schwitzen« bedeutet und sich insofern metaphorisch mit der heutigen amerikanischen Bedeutung des Wortes deckt. Das Wort *mojo* stammt laut Ventura vom Ki-Kongo-Begriff für »Seele« ab. Beide Begriffe sind seit über hundert Jahren in amerikanischen Songs nachweisbar. Weitere Beispiele: *boogie*: m bugi (Ki-Kongo) = »schlecht«; *juke* (z.B. in Jukebox): Mande-Kan für »schlecht«.

Eine orale Kultur bedarf der oralen Kommunikation, um eine kontinuierliche Wissensübermittlung sicherzustellen. Damit sie sich dasjenige wieder ins Gedächtnis ruft, was sie mühsam ausgearbeitet hat, muss sie memorierbare Gedanken denken. Um genau formulierte Gedanken effektiv zu konservieren, muss orale Kultur ihr Denken in mnemonischen Mustern vollziehen, die auf die unmittelbare orale Darbietung zugeschnitten sind. »Die Gedanken müssen in Form von tief rhythmisch ausgewogenen Mustern entstehen, als Wiederholung oder Antithese, Alliteration und Assonanzen, Epithetons oder in Form von anderen formelhaften Ausdrücken, eingebunden in standardisierte thematische Anordnungen (die Versammlung, das Mahl, der Zweikampf, der Gehilfe des Helden usw.), in Gestalt von Sprichwörtern, die jeder kennt und deswegen rasch erinnert, oder anderer mnemonischer Systeme.«[25]

Das Denken und der Ausdruck einer primär oralen Kultur, also einer, die keinen Kontakt mit Schrift kennt und nicht einmal ansatzweise literarisiert ist, zeichnet sich nach Walter J. Ong durch folgende Merkmale aus:

- Eher additiv als subordinierend, da der schriftliche Diskurs eine kompliziertere und stärker normative Grammatik entwickelt.

- Eher aggregativ als analytisch; diese Charakteristik hat engen Bezug zur mnemonischen Aufgabe der Formeln. Die Elemente des oral geprägten Denkens und Ausdrucks bilden weniger einfache Einheiten als vielmehr Bündel von Einheiten, wie etwa einander entsprechende Ausdrücke, Phrasen, Nebensätze oder antithetische Ausdrücke, Phrasen, Epitheta. Hat sich einmal ein formelhafter Ausdruck herauskristallisiert, sollte er möglichst unbeschädigt bleiben. Denn ohne ein Schriftsystem stellt das zergliedernde, analytische Denken ein hohes Risiko dar.[26]

• Redundant oder nachahmend; da das Gesagte mit dem Sprechakt verklingt und auf nichts zurückgegriffen werden kann, muss das Denken langsamer voranschreiten und dabei mit vielem des bereits Gesagten weiterhin befasst sein. *Redundanz und Wiederholung des Gesagten halten gleichermaßen den Sprecher wie den Hörer auf dem Pfad des Diskurses.* Orale Kulturen bevorzugen den steten Redefluss, das Überbordende, die Zungenfertigkeit.

• Konservativ und traditionalistisch, da große Energien auf die ständige Wiederholung des einmal Gelernten verwendet werden müssen. *Erzählerische Originalität zeigt sich nicht im Erfinden neuer Geschichten, sondern im Geschick, eine besondere Interaktion mit dem Publikum herzustellen. Das Publikum muss zum Partizipieren veranlasst werden.* (Dies findet sich beim HipHop in der Aufhebung der Künstler-Publikum-Schranke und in Call-and-response Spielen.) In einer oralen Kultur gibt es ebenso viele Untervarianten eines Mythos, wie es Wiederholungen davon gibt.

• Nähe zum menschlichen Leben, da orale Kulturen keine vom Schreiben abhängigen analytischen Kategorien besitzen, die das Wissen aus der Distanz zur gelebten Erfahrung strukturieren könnten. Sie müssen ihr ganzes Wissen in mehr oder weniger engem Bezug zur menschlichen Lebenswelt gewinnen und verbalisieren.

• *Kämpferischer Ton; viele, wenn nicht alle oralen oder restbeständig oralen Kulturen erscheinen Literarisierten als außerordentlich kämpferisch in ihren verbalen Äußerungen und in ihrem Lebensstil.* Die Schrift befördert eine Art von Abstraktion, welche das Wissen über den alltäglichen Lebenskampf von den Menschen loslöst, den Wissenden vom Wissen trennt. Oralität dagegen stellt das Wissen, indem sie es in die menschliche Lebenswelt einbettet, in den Kontext des Kampfes. Sprichwörter speichern nicht nur das Wissen, sondern versetzen andere in intellektuelle Kampfstimmung: Die Anwendung eines Sprichwortes provoziert die Zuhörer, geeignete oder konträre Formeln dagegenzuhalten (Partizipation des Publikums). Außerdem sind orale Erzählungen oft von begeisterten Schilderungen physischer Gewalt geprägt. Das Zentrum der Handlung liegt mehr aufseiten äußerer Vorgänge als aufseiten der Schilderung innerer Krisen des Helden. *Das Pendant zum kriegerischen Namen-Zurufen oder zur Schmährede in oralen Kulturen ist das aufdringliche Lobpreis, das überall im Zusammenhang mit Oralität zu finden ist.* Die aufdringliche Lobrede in der alten, restbeständig oralen, rhetorischen Tradition erscheint Mitgliedern einer hoch literarisierten Kultur unaufrichtig, aufgebläht und lächerlich anmaßend. Im Zusammenhang jedoch mit der extrem polarisierten, kriegerischen oralen Welt von Gut und Böse, Tugend und Laster, Helden und Schurken hat sie ihre Funktion. (Eine Funktion, die im Kapitel über den Gangsta-Rap ausführlicher illustriert werden wird.)

- Eher einfühlend und teilnehmend als objektiv-distanziert; dies schlägt sich in der Tatsache nieder, dass als Erzählperspektive oft die erste Person gewählt wird.

- Im Laufe des Buches wird sich zeigen, dass HipHop als Erzählweise ein hohes Maß an Übereinstimmung mit Walter J. Ongs Kriterien oraler Kultur aufweist.

Das gesungene Wort schreibt sich in die Körper ein, die Form der Darbietung oraler Kultur lässt eine starke Rückbindung an das Ritual erkennen. Die orale Information in Form der Rede oder Musik ist zeitlich stets an den Moment der Aufführung gebunden. Die schriftlich fixierte Information dagegen schreibt sich als Steintafel, Druckerzeugnis oder Webseite in den Raum ein. Orale Kommunikation findet also – im Gegensatz zur schriftlichen, die immer *wiederbesichtigt* werden kann – gleichzeitig statt.

»That is, oral communication is free from intervention of a medium. It is a ›direct presence‹.«[27] Diese Präsenz und die Tatsache, dass die Artikulation die Wörter kraftbewegt erscheinen lässt, erklärt »die Tatsache, dass orale Völker im Allgemeinen, wahrscheinlich sogar immer und überall den Wörtern magische Kräfte zutrauen.«[28] Typographisierten Personen ist das Bewusstsein der magischen Kraft der Wörter hingegen verloren gegangen, da sie ihnen nur rein oberflächlich mit den »äußeren Dingen« verknüpft zu sein scheinen.

Die amerikanischen Sklaven, von ihren weißen Unterdrückern zum Christentum (zwangs-)missioniert, führten orale Traditionen in ihren religiösen Gesängen, den Gospels, fort. Auch im Gospel kommt es zu einer Verbindung des gesprochenen und gesungenen Wortes mit den Artikulationsformen der Körpersprache. Der Tanz ist wesentliches Element und tritt gleichberechtigt an die Seite des Wortes. Er ist aber nicht nur Mittel der Kommunikation, sondern auch das Medium, mittels dessen es den Zelebrierenden gelingt, sich in Trancezustände zu begeben, die als heilige Ekstase betrachtet werden, da in diesem Zustand Gott bzw. die Götter durch den geistig Abwesenden spricht/sprechen. Redet der sich in Trance Befindende (»speaking in tongues«), so gilt das Ausgesprochene als Botschaft aus dem Jenseits und als absolute Wahrheit.

Der Vortragende ist nicht vom Publikum getrennt, sondern dessen Leadsänger, der das ausdrückt, was alle fühlen: die Wahrheit. Für den Rap schlägt sich dies zum Beispiel im Ausdruck »Word« nieder, der immer dann von allen Beteiligten kollektiv geäußert wird, wenn ein Rapper etwas »Wahres« ausgesprochen hat. Diese rituelle Betonung, dass das (aus-)gesprochene Wort der Wahrheit entspricht, ist zugleich die gegenseitige Vergewisserung, dass sich Wahrheit über den Akt des Sprechens kund tut. Die Interaktion zwischen Sprecher und Publikum macht aus dem Vortragenden keinen Referenten, sondern vielmehr einen Verkünder dessen, wovon alle überzeugt sind.

Die körperliche Erfahrbarkeit der musikalischen Darbietung und die Nichtexistenz einer Trennung von Künstler und Publikum machen das musikalische Erlebnis zu einem sozialen Ereignis. »It is on this basis that black music can be seen [...] as a source for black social organization: an idea must first be communicated before it can be acted upon. In the case of black music, the idea and the act are one: ›The process of communication is in fact the process of community.‹«[29] Die individuelle Stimme steht im Kontext der Gruppenaktivität.

Die Sprache muss die Dinge nicht klar benennen, sie umkreist ihr Thema eher. Eindeutigkeit gilt als nicht intelligent. Oralität sperrt sich daher gegen Wortexegese. Ice-T vermerkt auf dem Innencover seines 1993 erschienenen Albums *Home Invasion*: »Lyrics have <u>not</u> been printed as a Syndicate [das ist sein eigenes Label; Hervorhebung im Original] security move to prevent reprint, analysis and explanations by squares, suckers, spies and traitors to the movement.«

Die Möglichkeit, schriftliche Dokumente immer wieder lesen und den

Text analysieren zu können, hat eine kompliziertere Grammatik hervorgebracht, als orale Kulturen sie kennen. Während die schriftlich fixierte Sprache Kommunikation auf binäre Codes von Ja und Nein einschränkt, erlaubt es die orale Sprache, komplexen Emotionen Ausdruck zu verleihen, indem sie sich derartiger Codierung versperrt. Dies trifft auch in musikalischer Hinsicht zu. Im Jazz gilt zum Beispiel die klar gespielte Note als einfallslos. Die »Blue Notes« nähern sich der reinen Note von oben oder unten und umspielen sie. Diese Umschreibung öffnet einen musikalischen Raum, in den Gefühle und Sehnsüchte projiziert werden können *(feeling blue)*. Der englische Fachausdruck dafür lautet »Circumlocution«.

Herbert Marcuse schreibt im Zusammenhang von oraler Kultur und dem schöpferischen Gebrauch von Umgangssprache: »Dabei hilft die Funktionalisierung der Sprache, nonkonformistische Elemente aus der Struktur und Bewegung des Sprechens zu verdrängen. [...] Die Gesellschaft drückt ihre Bedürfnisse direkt im sprachlichen Material aus, wenn auch nicht ohne Opposition; die Volkssprache trifft die offizielle und halboffizielle Redeweise mit boshaftem und herausforderndem Humor. Slang und Umgangssprache sind selten so schöpferisch gewesen. Es ist, als setzte der einfache Mann (oder sein anonymer Wortführer) in seiner Sprechweise seine Humanität gegen die bestehenden Mächte durch, als brächen Ablehnung und Revolte, niedergehalten im politischen Bereich, in einem Vokabular hervor, das die Dinge bei ihrem Namen nennt [...].«[30]

Dieses »Dinge-bei-ihrem-Namen-Nennen« und die Technik der Circumlocution in einem Zusammenhang zu nennen, mag paradox erscheinen. Gerade die Umschreibung der Dinge aber öffnet eine alternative Sichtweise auf die Objekte. Formen der Umschreibung haben in der afroamerikanischen Sprachkultur eine lange Tradition, wie das Beispiel des »Signifying« im nächsten Kapitel belegen wird.

II. HERKUNFTSORTE

Musikalisch liegen die Wurzeln von HipHop vor allem im Funk und Soul der Sechziger-, aber auch bedingt in der Discomusik der Siebzigerjahre. Die Themenpalette, derer sich die Rapper in ihren Texten bedienen, ist ebenso weit angelegt wie der gesamte gesellschaftliche Diskurs. Die Freiheit des Rappers, zu sagen, was er will, ist ein Paradigma des HipHop, das die Aktivisten auch in gesellschaftlichen Kämpfen immer wieder verteidigen. Die breite Streuung von repräsentierten Meinungen führt zum Beispiel dazu, dass sich Rapper mit spirituellen Inhalten beschäftigen, schlicht beim Konzept »Party & Good Time« bleiben, sich in die Tradition des schwarzen Widerstandes – wie die der Black Panther – stellen, sich in einer Linie mit der Bürgerrechtsbewegung sehen, sich auf die befreiungsnationalistische Nation Of Islam berufen oder das Bild des schwarzen Gangsters glorifizieren. Manche wollen einfach nur »eine gute Zeit haben«, andere wiederum betätigen sich im Storytelling, erzählen Geschichten aus ihrer Lebens- oder aus einer Fantasiewelt, was vor allem in der Form der Spoken Poetry auch einen politischen Impetus haben kann.

Die Analyse solcher phantastischen Geschichten erlaubt einen tiefen Einblick in die Sehnsüchte und Wünsche der Rapper, die oft für sich Gehör fordern, weil sie glauben, durch ihre Herkunft aus einem sozialen Milieu einen gewissen Personenkreis in relevanter Art und Weise zu »repräsentieren«. Ich verweise in diesem Zusammenhang noch einmal auf das von Bourdieu beschriebene Verhältnis von sozialem Kapital und Repräsentation. Die Herkunft der Rapper aus einem spezifischen sozialen Milieu legt nahe, sich mit dem historischen Hintergrund der afroamerikanischen Gemeinde zu befassen, da dieser Projektionsfläche wie Bezugsbasis vieler Rapper ist und somit zum Verständnis unerlässlich bleibt. Er ist der Herkunftsort der Gemeinde und bestimmt somit die Konstruktion kollektiver Identität.

Wie erwähnt, handelt es sich beim HipHop nicht um eine »rein schwarze« Kultur. Aber wie der Jazz und der Blues zuvor entspringt auch HipHop der afroamerikanischen Gemeinde (worum es sich bei dieser »Community« handelt, werden die Schilderung der afroamerikanischen Geschichte und ihre Sozialdaten verdeutlichen), selbst wenn von den ersten Tagen an viele Latinos daran beteiligt waren. Dass sich auch weiße Musiker oder solche hispanischer oder südeuropäischer Abstammung in der Szene engagieren, widerspricht nicht dieser Tatsache. Die Geschichte der afroamerikanischen Gemeinde prägt die

HipHop-Kultur, gerade weil die Folgen der Sklaverei – rassistische Segregation der Bevölkerung, Ghetto, Armut mit all ihren Folgen – in den USA immer noch von frappierender Präsenz sind. Und dieser Fakt verbindet die schwarze Gemeinschaft mit anderen marginalisierten Gruppen, aus deren Umfeld und sozialen Räumen HipHop einst erwuchs. Dieser Hintergrund fließt mit in den HipHop ein, vor allem in die Texte der Rapper. Wenn der Rapper Gudtyme beispielsweise von »fourty acres and a mule« spricht, bezieht er sich auf das nie eingelöste Versprechen Abraham Lincolns, jedem befreiten Sklaven, der sich im Sezessionskrieg für die Sache der Nordstaaten engagierte, vierzig Acker Land und ein Maultier zur bescheidenen Existenzgründung zu überlassen. (Executioners, *Musica Negra*; 1998). Auch der im HipHop einflussreiche schwarze Autorenfilmer Spike Lee verweist auf das Lincoln-Zitat, indem er seine Produktionsfirma *Fourty Acres and a Mule* nannte.

Wie schwierig es ist, Stile wie HipHop oder Jazz als »schwarz« zu bezeichnen, lässt sich gut exemplifizieren. So konnte etwa der Gospel, eine stark religiös geprägte Gesangskultur, nur durch die Vermengung afrikanischer mit europäischen Elementen entstehen – bedingt durch christliche Missionierung der Sklaven und dem Verbot traditioneller Instrumente. Die Trommel, in afrikanischen Kulturen ein heiliges Instrument, wurde den Sklaven verboten, da sie auch für die Übermittlung rebellischer Aufrufe genutzt werden konnte. Ähnlich der Jazz, welcher europäische Muster von Melodie übernimmt und mit dem afrikanischen synkopischen Rhythmus verschmilzt, der der europäischen Musik unbekannt ist. Auch die Idee des musikalischen Solos, für deren Ausführung zahlreiche Jazzgrößen gerühmt wurden und werden, ist den westafrikanischen Kulturen unbekannt und stammt aus der europäischen Tradition. Dies ändert aber nichts an der Tatsache, dass Jazz wie auch HipHop in der schwarzen Community entstanden sind und lange Zeit überwiegend von Musikern schwarzer Herkunft geprägt wurden, weshalb die öffentliche Wahrnehmung immer auf das Adjektiv schwarz hinausläuft.

Es darf auch nicht vergessen werden, dass die verschiedenen Bevölkerungsgruppen der USA aus ganz unterschiedlichen Beweggründen in das Land kamen. Für die europäischen Auswanderer verband sich mit der Ankunft in Amerika die Hoffnung auf ein freies und nach Möglichkeit wohlhabendes Leben. Auf dem Boden des verfassungsmäßig in Artikel 1 verbrieften »Pursuit of Happiness« fanden sie die Bedingungen, die es ihnen erlaubten das eigene Glück zu suchen. Die Schwarzen dagegen kamen unter ganz anderen Bedingungen, nämlich unfreiwillig, auf Sklavenschiffen zusammengepfercht in den USA an. Sie waren in der neuen »Heimat« all ihrer Traditionen und somit auch ihrer wesentlichen identitären Grundlagen beraubt. Sie suchten in vierhundert Jahren amerikanischer Geschichte nicht ihr Glück, sondern das Menschenrecht.

Die vielen Kämpfe, welche die Community bis heute führt, dienen der identitären Selbstbestimmung. Dies brachte unterschiedliche Tendenzen mit sich. Ohne die Bürgerrechtsbewegung der Sechzigerjahre und dem damit geförderten neuen Selbstbewusstsein vieler Schwarzer – »Black is beautiful!« – wäre das Entstehen einer neuen schwarzen Mittelschicht recht unwahrscheinlich gewesen. Der wirtschaftliche Aufstieg einiger und die damit verbundene Bildung einer schwarzen Mittelschicht hat die Identifikation eines Teils der Community mit dem bestehenden gesellschaftlichen System befördert. Für viele arme Afroamerikaner hat sich die Perspektive auf die USA jedoch nicht geändert. Ihre Armut bleibt für sie Beleg für den rassistischen Status quo der Gesellschaft.

GESCHICHTE

Kollektive Identität benötigt eine Vergangenheit, auf die sich die zum Kollektiv zählenden Individuen gemeinsam beziehen können, einen gemeinsamen Ort der Herkunft. Der offensichtlichste Bezugspunkt, der sich den Afroamerikanern hierfür bietet, ist die Sklaverei, zu der die Rapper immer wieder Analogien herstellen. Auch wenn wahrscheinlich der erste Afrikaner, der einst amerikanischen Boden betrat, kein Sklave war, sondern Pedro Alonzo Nino, einer der Kapitäne von Christoph Columbus, lassen Rapper schwarze Geschichte in Amerika immer wieder mit der Sklaverei beginnen. Die ersten afrikanischen Sklaven kamen zu Beginn des 17. Jahrhunderts in die USA.

Der Sezessionskrieg, der die Staaten des Nordens und des Südens der USA von 1861 bis 1865 spaltete, beendete auch die Sklaverei. Präsident Abraham Lincoln, der den Norden führte, hatte den Schwarzen dieses Versprechen gegeben, um die Kampfkraft des Südens zu schwächen, auch wenn er nach wie vor von der Überlegenheit der weißen Rasse überzeugt war. Obwohl die Zeit der Sklaverei seit dem vorletzten Jahrhundert offiziell beendet ist, bleibt sie doch entscheidender Aspekt für die psychische Grundhaltung der Afroamerikaner in den USA, da sie einen ganz entscheidenden Punkt im Vergleich zu allen anderen Einwanderergruppen markiert, nämliche die absolut konträre Ausgangsposition dieser Gruppe in der neuen Welt. Während sämtliche anderen Einwanderergruppen in den USA Freiheit fanden, wurde eben diese den afrikanischen, unfreiwilligen Immigranten verwehrt.

Zu Beginn des 20. Jahrhunderts wurde auf Grundlage der Jim-Crow-Gesetze die Segregation etabliert. Zur gleichen Zeit entstanden aber auch die ersten Organisationen, die sich gegen den Rassismus wandten. 1909 wurde die National Association for the Advancement of Coloured People (N.A.A.C.P.) gegründet – eine immer noch einflussreiche Bürgerrechtsorganisation –, 1910 die National Urban League, die heute ein Betreiber der »Stop The Violence«-Kampagne im HipHop ist.

Erst in den Sechzigerjahren brachte die Bürgerrechtsbewegung unter der Führung populärer Figuren wie Dr. Martin Luther King und Malcolm X die offizielle Segregation der Rassen zu Fall. Der partielle Ausschluss Schwarzer aus speziell ausgewiesenen Flächen des öffentlichen Raumes – öffentliche Toiletten, Sitzbänke, Busse – wurde ebenso wie die Rassentrennung an den Schulen aufgehoben, die Rechte nichtweißer Amerikaner wurden denen Weißer offiziell angeglichen.

Sozialdaten

1960, als viele Weiße in die »Suburbs«, die Vororte der Städte zogen, lebten 58,4% der im Süden ansässigen Schwarzen in »urban areas«. Im Norden und Westen waren es 95,3%. 1.141.322 Afroamerikaner wohnten in den Ghettos von New York – mehr Schwarze als in irgendeiner Stadt Afrikas. 1966 betrug die Arbeitslosigkeit in den Ghettos 32,7%. 40,6% aller Nichtweißen lebten unterhalb der offiziellen Armutsgrenze. 61% der Ghettobewohner waren jünger als 21 Jahre. Der *Report by the Citizen's Board of Inquiry into Hunger and Malnutrition in the United States* stellte 1965 fest, dass ein Drittel bis die Hälfte aller Armen an Hunger und Unterernährung litt. 1960 lebten 56% aller Nichtweißen in als »substandard« bezeichneten Wohnungen, 28,3% der Wohnungen waren überbelegt. 23,7% hatten eine Frau als Familienvorstand, was in der Regel bedeutete, dass diese auch die alleinige Verdienerin war. 26,3% der nichtweißen Kinder wurden unehelich geboren. Nichtweiße waren 2,2-mal so häufig von Arbeitslosigkeit betroffen wie ihre weißen Mitbürger. Bezieht man die dauerhafte Unterbeschäftigung in den Ghettos mit ein, so war die Quote der arbeitslosen Schwarzen 8,8-mal höher als die der Weißen. Das Durchschnittseinkommen einer nichtweißen Familie betrug 58% desjenigen einer weißen. Rechnet man diese Zahlen auf die Familiengröße, also pro Kopf, um, lag der Wert bei nur 45%. Die Geburtensterblichkeit war bei Afroamerikanern doppelt so hoch wie die der Weißen. Ihre durchschnittliche Lebenserwartung lag um sieben Jahre unter der von weißen US-Bürgern.[31]

Bürgerrechtsbewegung

Die Bürgerrechtsbewegung in den Fünfziger- und Sechzigerjahren prangerte die Missstände an und schuf zum ersten Mal ein öffentliches Bewusstsein für die Ungleichbehandlung der US-amerikanischen Bevölkerungsgruppen. Im Allgemeinen wird die Bürgerrechtsbewegung auf den Zeitraum zwischen dem Busboykott in Montgommery, Alabama 1955/56 und der Ermordung Martin Luther Kings am 4.4.1968 eingegrenzt.

Es lassen sich zwei Grundpositionen im Hinblick auf die Bürgerrechtsbewegung ausmachen. Die eine interpretiert diese in der Tradition der klassisch demokratischen, republikanischen und egalitären Ideale Amerikas. Hierfür sprechen die integrationistische Rhetorik und die Forderung einer »farbenblinden Gesellschaft«. Die andere Sichtweise interpretiert die Bürgerrechtsbewegung als kollektiven Befreiungskampf einer unterdrückten Minderheit gegen eine fundamental rassistische und ungerechte Mehrheitsgesellschaft.

Das Resultat der bürgerrechtlichen Bemühungen, die offizielle Aufhebung der Segregation, wurde bereits erwähnt. Dies war eine legislative Maßnahme, aufgrund öffentlich erzeugten Drucks durchgesetzt. Resultat im sozialen Sektor war das Entstehen einer schwarzen Mittelschicht. Ihr gelang es, langfristige ökonomische und politische Strukturen aufzubauen, die es ihr erlaubten, ein dem weißer Mittelklassebürger vergleichbares Leben zu führen. Ein Großteil der schwarzen Bevölkerung rutschte in den Siebzigerjahren allerdings aufgrund ökonomischer Umstrukturierungsprozesse – zunehmende Maschinisierung des Produktionsprozesses, Zusammenbruch der städtischen Großfabriken – noch tiefer in die Armut.

Nach dem Ende der Bürgerrechtsbewegung, mit dem gewaltsamen Tod ihrer Führer Martin Luther King und Malcolm X, kam es zu einer geistigen Verwahrlosung in weiten Teilen der armen, schwarzen Bevölkerung. Hatte in den Sechzigerjahren noch die weiche Droge Cannabis den illegalen Drogenmarkt beherrscht, überschwemmten in den Siebzigern Kokain und Heroin die Ghettos. Ein bis zwei Generationen der Ärmsten fielen den Drogen zum Opfer, was aus Sicht vieler Ghettobewohner einem geplanten Genozid gleichkommt. Solcherlei verschwörungstheoretisch anmutende Spekulationen mögen der faktischen Prüfung nicht standhalten, spielen aber für die Frage eine Rolle, wie die Regierungsbehörden und ihre Autoritäten von der Ghettobevölkerung wahrgenommen werden. Offizielle Autoritäten, vor allem die Polizei, werden dieser Logik folgend nicht als Freunde und Beschützer (»To serve and protect« lautet der offizielle Wahlspruch der amerikanischen Polizei) betrachtet, sondern als Agenten feindlich gesinnter Macht. Eine Erkenntnis, die sich unter anderem in der Hymne *Sound of the Police* von KRS One niederschlägt.

In den Achtzigern wiederholte sich dieser Prozess mit der Droge Crack noch einmal. Das Medellin-Kartell hatte Crack in seinen Labors entworfen und zu Dumpingpreisen auf dem amerikanischen Markt eingeführt. Begünstigt wurde die Durchsetzung von Crack durch den harten Kampf der Reagan-Bush-Administration gegen relativ harmlose Drogen wie Marihuana. 1986 ging als das Jahr der Crack-Epidemie in die Geschichtsbücher ein. Fünf Jahre später schätzten die Gesundheitsbehörden den harten Kern der Cracksüchtigen in den USA auf eine halbe Million.

Zentrale Bezugspunkte für die Rapper sind immer wieder Malcolm X und die Black Panther Party (zeitweise mit dem Beinamen »for Self-Defense«), weswegen sie kurz vorgestellt werden sollen. Die Musik war für das Entstehen eines schwarzen Selbstbewusstseins allerdings genauso wichtig – in ihr artikulierte sich zur selben Zeit, zu der die politischen Kämpfe stattfanden, das gleiche Bewusstsein. Dies zeigt sich wunderbar in einem Zitat von DJ und HipHop-Gründungsfigur Afrika Bambaataa: »In den 60ern, während meiner Jugend, nahm ich eine Menge Dinge wahr, die in der ganzen Welt geschahen. Was mich zunächst begeisterte, war James Brown, als er mit dem Satz auftrat ›Say it Loud, I'm Black and I'm Proud‹. Da haben wir den Schritt vom Neger zum Schwarzen gemacht. Neger waren für uns Leute, die erst zu einem Bewusstsein von sich heranwachsen mussten. Es gibt schließlich kein Land, das Negerland heißt. In Amerika weiß jeder, der hierher kommt, woher er kommt. Wenn man Italiener war, nannte man sich Italian American, aber die Schwarzen wussten nicht, welchen Weg sie gehen. Schwarz hieß böse, halt die andere Backe hin, glaube alles, was die Bibel sagt. Die Bibel widerspricht sich selbst. Martin Luther King war angesagt, weil er für die Bürgerrechte kämpfte, aber Malcolm X war ein bisschen aggressiver. Ich war mehr auf der Linie von Malcolm X. Ich respektiere Martin Luther King für das, was er tat.«[32]

Bambaataa bezieht hier eindeutig Stellung zu politischen Führern, respektiert aber den Andersdenkenden dafür, dass er das in seinen Augen richtige Ziel mit anderen Mitteln verfolgt. Diese Toleranz steckt in dem von Bambaataa postulierten HipHop-Grundsatz der »Positivity« – dazu später mehr.

Nation Of Islam

Die Nation Of Islam (NOI) ist eine spirituell-revolutionäre Gruppe, die bei vielen Rappern hohes Ansehen genießt. Viele Platten sind ihrem Anführer Louis Farrakhan gewidmet. Seit den Dreißigerjahren sind die Black Muslims, so ein anderer Name der Gruppe, ein radikaler Flügel der Schwarzenbewegung, obwohl sie bis in die Fünfziger hinein eher ein Randgruppendasein als muslimische Splittergruppe führten. Dies änderte sich erst mit dem Eintritt von Malcolm X in die Gemeinschaft, dessen charismatische Agitation der Nation bald zu großer öffentlicher Aufmerksamkeit und wachsenden Mitgliederzahlen verhalf.

Die NOI vertritt eine recht eigenwillige Interpretation des Islam, die sich von der im Koran verkündeten allumfassenden Bruderschaft der Menschen unterscheidet. Demgegenüber ist die Koran-Interpretation der NOI klar als soziales Produkt der USA erkennbar. Ihr wesentlicher Gegenstand behandelt den Konflikt zwischen Schwarz und Weiß. Die NOI gibt den ihr angehörenden Afroamerikanern den im Alltag mangelnden Stolz zurück und vermittelt eine rigoros moralische Disziplin. Ihre politische Hauptforderung ist die Separation der »Black Nation« vom weißen Amerika. Schwarze und Weiße können dieser

Weltsicht folgend nicht in Frieden innerhalb einer Gesellschaft zusammenleben. Dies liegt vor allem daran, dass die Weißen angeblich Geschöpfe des Teufels sind.

Dem Glauben der NOI zufolge schuf ein genialer, aber größenwahnsinniger Wissenschaftler namens Yakub vor sechstausend Jahren die weiße Rasse als Kristallisation aller schlechten Charaktereigenschaften auf einer Insel vor Afrika. Bis dato gehörten alle Menschen dem Stamm Shabazz an und waren schwarzer Hautfarbe. Der Stamm Shabazz weilt seit 66 Milliarden Jahren auf der Erde. Nachdem die »White Devils« des Yakub mit ihren diabolischen Fähigkeiten erst einmal auf der Erde wandelten, begannen sie alsbald, ihre Herrschaft mit List, Lüge und Gewalt zu errichten. Diese Lehre verkündete der NOI-Führer Elijah Muhammad bis zu seinem Tod 1957, und die Organisation tut dies noch heute unter Louis Farrakhan. Er fordert einen unabhängigen schwarzen Staat auf dem Territorium der USA, damit die Schwarzen ihre eigene Nation bilden können, um über den Weg der national-identitären Selbstfindung einen dauerhaften Frieden mit den Weißen zu ermöglichen. Solange das Bewusstsein der Afroamerikaner das von Sklaven sei, könne kein Friede möglich sein.

Dieser Glaube unterscheidet die NOI fundamental vom christlich-bürgerlichen Flügel der Bürgerrechtsbewegung um Personen wie Martin Luther King. Die Anhängerschaft der NOI rekrutiert sich eher aus ärmeren Schichten, aber auch Prominente wie Muhammad Ali gehören ihr an. Gerade ihre moralische Rigorosität und die eiserne Disziplin, mit der die Black Muslims selbst ihren ärgsten Feinden begegnen, erklärt ihre Attraktivität für sozial Deklassierte, denn diese Formen der Selbstpräsentation erlauben es den Anhängern auch aus unteren sozialen Schichten, als moralisch Rechtschaffene erhobenen Hauptes auf die Straße zu gehen.

In den Sechzigern war die NOI die größte islamische Organisation im Land und stark in die politischen Kämpfe eingebunden. Ihr Konzept war eine Mischung aus Spiritualität und Politik. 1965 lockerten die USA ihre rassischen Immigrationsquoten, was vielen Menschen aus dem Nahen Osten und aus Südostasien die Einreise erleichterte. Inzwischen sind die Moslems die zweitstärkste Religionsgemeinschaft der Staaten und zählen 8 Millionen Gläubige. Sie sind die am schnellsten wachsende Religion in den USA. Innerhalb dieser Gemeinschaft sind die Schwarzen nur noch die zweitgrößte Gruppe. Zwischen ihnen, die das System der USA oft aufgrund ihrer schlechten Erfahrung ablehnen, und den Neu-Bürgern, die sich zu ihrer neuen Heimat affirmativ bekennen, gibt es nicht selten Reibungen.

Die neu einwandernden Moslems lehnen die NOI meist aufgrund ihrer rassistischen Inhalte und ihrer Vermengung von Religion und Politik ab. Aber auch immer mehr schwarze Moslems wenden sich dem orthodoxen Islam zu. Für sie hat die NOI ihre Schuldigkeit getan, indem sie die Afroamerikaner dem Islam zuführte. »It was a gateway to true Islam for a lot of people. But I think, at this point, a lot of brothers feel as though the Nation has served ist purpose.«[33]

Malcolm X

Malcolm X war eine schillernde Persönlichkeit. Als Sohn eines Predigers 1925 in Omaha, Nebraska, unter dem Namen Malcolm Little geboren, trieb es ihn in der Adoleszenz in das Bostoner Ghetto Roxbury. Schon in frühester Kindheit machte er einschneidende Erfahrungen mit dem Rassismus. Sein Vater, Anhänger des Befreiungsnationalisten Marcus Garvey, wurde vom Ku Klux Klan ermordet. In Boston und später in Harlem, New York City, verdiente Little als Drogenhändler und Dieb seinen Lebensunterhalt, bis diese Karriere 1946 durch eine langjährige Gefängnisstrafe beendet wurde. Im Gefängnis konvertierte er zum Islam und schloss sich der befreiungsnationalistischen Nation of Islam an. Er nutzte die Jahre der Haft bis 1952, um sich zu bilden, nahm den Namen Malcolm X an und stellte sein Leben fortan in den Dienst der NOI.

Das »X« in seinem Namen steht für die unbekannte Herkunft, für den vergessenen afrikanischen Namen seiner Ahnen. Viele Black Muslims wählten das X als Nachnamen, um sich demonstrativ von ihrem »Sklavennamen« zu lösen. Die europäischen Nachnamen vieler Afroamerikaner sind die Namen der weißen Sklavenhalter ihrer Vorfahren.

Malcolm X war ein gewandter und charismatischer Redner, unter dessen Mitarbeit die NOI sehr schnell wuchs. Sein Auftreten war das eines stolzen Schwarzen, aber auch das eines wütenden Mannes. Berühmt ist sein Ausspruch vom »House-« und »Fieldnigger«, mit dem er das seiner Meinung nach devote Verhalten der afroamerikanischen Mittelschicht gegenüber den weißen Herren

MALCOLM X

mit dem Verhalten der im Haus des Sklavenhalters beschäftigten und bessergestellten Schwarzen verglich. Seine zentrale Forderung war die Separation der schwarzen Nation, also der Afroamerikaner, vom Rest der USA. Der Rassismus war seiner Überzeugung nach dermaßen tief im gesellschaftlichen System der USA verankert, dass er sich nicht mit den liberalen Forderungen der Bürgerrechtsbewegung nach Gleichstellung überwinden ließ.

Aufgrund interner Machtkämpfe wurde Malcolm X 1963 von der NOI ausgeschlossen. Er gründete seine eigene Organisation, die Organization of Afro-American Unity, der es allerdings bis zu seiner Ermordung 1965 nicht gelang, eine bedeutende Stellung zu erlangen. Auf einer Reise nach Mekka modifizierte Malcolm X seine Ansichten bezüglich der Weißen, von denen er bis dahin, der Ideologie der NOI folgend, immer nur als den White Devils gesprochen hatte. Er nahm den islamischen Namen Al Hajj Malik al-Shabazz an. Auch sein Programm der Separation stellte er in Frage. Zu einer Neuformulierung kam es aber nicht mehr. Malcolm X starb, ohne seine neuen Positionen ausformulieren geschweige denn sie in eine gesellschaftliche Praxis umsetzen zu können.

Die vielen unterschiedlichen Stationen seines Lebens – der Gangster, der religiöse Führer, der radikale Politiker und der Mann, der sich und seine Positionen kritisch in Frage stellen konnte – bieten Interpreten eine breite Projektionsfläche. Nach Veröffentlichung von Spike Lees Film *Malcolm X* und der damit einhergehenden öffentlichen Begeisterung für seine Person, die sich unter anderem im massenhaften Tragen von Baseballkappen mit dem »X«-Symbol äußerte, können alle, die auf irgendeine Weise mit HipHop in Beziehung stehen, vom Gangsta-Rapper über Anhänger der NOI bis hin zum Afrozentristen, sich auf Malcolm X beziehen. Wir können also bei der mythischen

Figur Malcolm X mit Claude Levi-Strauss von der Figur des »Tricksters« sprechen, einer Figur, die unterschiedlich aufgeladen werden kann.

Black Panther Party

Die Black Panther Party (BPP) wurde von Huey P. Newton und Bobby Seale am 15.10.1966 in Oakland, Kalifornien, gegründet. Ihre inhaltliche Ausrichtung war marxistisch-leninistisch. Damit stellte sich die Black Panther Party inhaltlich gegen die Vorstellungen der Black-Power-Bewegung eines schwarzen Kapitalismus. »We're colonial subjects in a decentralized colony, dispersed throughout the white mother country in enclaves called black communities, black ghettos«, schrieb Eldridge Cleaver, einer der Führer der Partei.[34] Allerdings lag ihr Schwerpunkt nicht in der Theorie – die Konzepte des Marxismus-Leninismus wurden recht oberflächlich übernommen –, sondern in der Praxis.

Mit spektakulären Aktionen und einem sehr medienbewussten Auftreten erreichte sie schnell nationale Bekanntheit. Die Mitglieder traten uniformiert und bewaffnet auf, was in den Sechzigerjahren in Kalifornien noch nicht verboten war, aber in Anbetracht der Hautfarbe der Aktivisten einen Skandal auslöste. Das selbstbewusste Auftreten imponierte vielen jungen Schwarzen, denen die versöhnlichen Bemühungen eines Martin Luther King zu halbherzig waren. Die BPP engagierte sich aber auch sozial. Sie organisierte Armenküchen, in denen morgens auch Schulkinder versorgt wurden. Ihr Hauptfeind war die Polizei, die aufgrund rassistischer Übergriffe immer wieder den Hass der Armenghettos auf sich zog.

FBI-Präsident Edgar Hoover bezeichnete die BPP als den gefährlichsten inneren Feind der USA. 1970 war die Black Panther Party in ca. 100 Großstädten mit einem harten Kern von 800 bis 1.000 Mitgliedern vertreten. Andere Schätzungen nennen bis zu 5.000 Mitglieder. Laut Umfragen hatten 25 Prozent der schwarzen Bevölkerung großen Respekt vor ihr, bei den unter 21-jährigen gar 43 Prozent. 64 Prozent erhielten durch sie »ein Gefühl von Stolz«. Die Regierung sah in ihr die aktivste und gefährlichste Gruppe schwarzer Extremisten.[35]

Auseinandergetrieben durch innere Streitereien – die größtenteils durch so genannte Cointelpro-Programme des FBI und anderer Geheimdienste initiiert und geschürt wurden –, gingen die Aktivitäten der BPP zurück. Die Verluste der Panther stiegen mit dem Maß der Verfolgung: zwischen Mitte 1967 und Ende 1970 wurden 40 Panther getötet und 85 verletzt. 1970 wurden faktisch alle Community-Programme eingestellt. Fast die gesamte Führung der Partei war verhaftet oder getötet worden – teils in rechtsstaatswidrigen Polizeiaktionen – bzw. lebte im Untergrund oder Exil. Von diesem Schlag hat sich die schwarze Community bis heute nicht erholt. Wie schon oben erwähnt, setzte zu ebendiesem Zeitpunkt die Kokain- und Heroinschwemme auf dem Markt ein – Anlass für viele Aktivisten, auch hier an eine Regierungsaktion zu glauben und einen verschwörungstheoretischen Zusammenhang zu sehen.

Die Riots

Am 29. April 1992 sprach eine weiße Jury vier weiße Polizeibeamte des L.A. Police Departments (LAPD) vom Vorwurf der übertriebenen Gewaltanwendung gegen den schwarzen Autofahrer Rodney King frei, den sie zu Unrecht behelligt und brutal zusammengeschlagen hatten. Ein Bürger, der gerade seine Videokamera ausprobiert hatte, filmte den Vorfall zufällig – bereits kurz darauf wurde er von allen Fernsehsendern der Nation ausgestrahlt. Dass die Beamten freigesprochen wurden, rief eine ungeheure Welle der Wut hervor, die sich wenige Stunden später in einem Aufstand entlud, der drei Tage andauern sollte.

Die Parole des Aufstands, falls es so etwas bei unkontrollierten Massenereignissen geben sollte, lautete: »No Justice, No Peace!« Brandschatzende Banden zogen durch die verarmten Innenstadtbezirke Watts, Compton und South-Central und hielten sich an öffentlichem wie privatem Besitz schadlos. Dieser Aufstand, als L.A. Riot oder auch L.A. Rebellion bekannt, ließ den Funken der Rebellion auch in andere Städte der USA (und auch Kanadas) überspringen. Es war der größte zivile Aufstand der US-Nachkriegsgeschichte. 58 Menschen starben, die meisten durch Polizei- und Armeekugeln, 2.383 wurden verletzt, über fünfeinhalbtausend Gebäude wurden zerstört, davon 17 Regierungsgebäude, 12.545 Menschen wurden festgenommen. Die Bevölkerungsgruppe, die am meisten Schäden zu beklagen hatte, waren die asiatischen Einwanderer, die kleinen koreanischen Geschäftsinhaber, die wegen ihres bescheidenen sozialen Aufstiegs den Neid und Hass der schwarzen Ghettobevölkerung auf sich gezogen hatten. Allein in Los Angeles waren 5.000 Polizeibeamte, 1.000 County

Sheriffs, 950 County Marshals, 2.323 Offiziere der Highway Patrol, 1.769 Armeesoldaten mit Panzerwagen und anderem militärischen Gerät, 1.544 Ledernacken und 9.975 National-Guard-Soldaten im Einsatz – eine Armee von über 21.000 Mann. Die Wut, die hier aufbrach, war immens und hatte sich über Jahre angestaut. Der Bürgermeister verhängte mit wenig Erfolg die Ausgangssperre. Die Aufständischen zogen in die weißen, reichen Orte Hollywood und Beverly Hills, plünderten Supermärkte und brannten Einkaufszentren nieder.

Dass L.A. der Hauptschauplatz des Aufstandes war, hat seine Gründe. Adrian Kreye schreibt in »Aufstand der Ghettos«: »Keine andere Großstadt jenseits von Johannesburg praktiziert so strenge Rassentrennung wie Los Angeles.« William Parker, Polizeichef der Fünfziger und Sechziger, war erklärter Rassist, der nicht verhehlte, dass seine Razzien in den Clubs der weißen Beatniks und schwarzen Hipster sich vor allem gegen die »Rassenschande« wandten. Der Bürgermeisterkandidat Sam Yorti versprach 1965, diesen verhassten Polizisten zu feuern, sobald er im Amt sei. Als er die Wahl mit den Stimmen der schwarzen Bevölkerung gewonnen hatte, wollte er davon jedoch nichts mehr wissen. Kurz darauf erschoss ein weißer Polizist willkürlich einen schwarzen Jungen. Diese Ereignisse führte zum Aufstand von Watts, der bis zu den L.A. Riots als der größte Aufstand der US-Nachkriegsgeschichte galt.

Auch die Ereignisse von 1992 hatten ihre Vorgeschichte in massiven Polizeiaktionen, die sich vordergründig gegen den Drogenhandel wandten, letztlich aber breite Teile der armen Bevölkerung trafen. 1987 wurden bei einer Aktion des LAPD tausende von Verdächtigen im L.A.-Memorial-Coliseum-Sportstadium zusammengetrieben. 1988 wurden die Eltern von Gangbangern, den Mitgliedern der in L.A. stark vertretenen Gangs, durch legislative Maßnahmen kriminalisiert, eine Aktion, die vor allem mittellose, alleinstehende Mütter traf und deren Existenzen nach der Haft meist vollends zerstört waren. 1990 töteten Beamte des LAPD 34 Zivilisten, sechs weitere starben in Polizeigewahrsam. Gegen ein Drittel der Beamten liefen in den Jahren 1989 und 1990 Anzeigen wegen Brutalität und Amtsmissbrauch. Lediglich 42 der insgesamt 2.152 Beschwerden wurden verfolgt. Der Fall Rodney King war der Tropfen, der das Fass zum Überlaufen brachte, »der endgültige Beweis, dass es in Amerika keine Gerechtigkeit gibt«, wie es ein Teilnehmer der Riots beschreibt [zit. nach Kreye].

Während des Riots wurde die Kraft offenbar, die aus den Ghettos heraus entfaltet werden kann. In diesen drei Tagen gab es zwischen den mächtigsten Banden L.A.s, den Bloods und den Crips, einen Nichtangriffspakt, ein Ereignis, das die Polizei schon lange als »Doomsday« gefürchtet hatte. Zu den Motiven des Riots befragt, äußerte ein Crip: »Demokratie, schön und gut. Aber wie viele Leute, glaubst du, würden uns zuhören, wenn wir Crips im Kongress eine Petition eingeben? Null. Aber wenn wir ein Haus anzünden, jemanden verprügeln und in der Gegend herumschießen, dann sind sie plötzlich alle da mit ihren Kameras und Mikrofonen.« Der gewaltsame Aufstand ist, dieser Aussage folgend, als die einzige Stimme der Entrechteten zu interpretieren. Der wild wütende Ghetto-Krieg wird zur Petition gegen die herrschende Ungerechtigkeit.

MUSIKALISCHE TRADITIONEN

»This ain't somethin' nu
That be comin' out of nowhere!
No,
This is somethin' ol'
And dirty!
And dirty!
Yeah!«
Ol' Dirty Bastard

Der Gesang nimmt in allen afroamerikanischen Musikstilen einen zentralen Platz ein, was sich unter anderem in der erwähnten Tatsache begründet, dass schon den ersten Sklaven in Amerika die traditionellen Instrumente verboten wurden. Die spirituelle Kraft der Gospelchöre des letzten Jahrhunderts und die befreiende Euphorie, die diesen Gesängen innewohnt, steht für Ulf Poschardt »am Anfang einer Entwicklungslinie, die sich vom Kirchengesang über den Soul und den Funk bis zur House-Musik und dem Hip-Hop erstreckt.«[36]

Es lassen sich auch Linien ziehen, die bis zu den afrikanischen Vorfahren reichen, wie das Beispiel der Griots eindrucksvoll belegt. Es ist allerdings schwierig, aktuelle Phänomene an Herkunftsorte zu binden, denn das birgt die Gefahr, ihnen die Eigenständigkeit zu nehmen. Trotzdem lassen sich einige Traditionen des HipHop benennen.

»Eine eigene Sprache zu finden«, so Poschardt, »war das Anliegen fast jeden kulturellen Statements der Afroamerikaner. Jazz, R&B, Soul, Funk versuchten dies, aber es war der Hip-Hop, der all diese Versuche aufnahm und deren Energien bündelte.«[37] In der Tat fand im HipHop eine Bündelung statt, was schon in seiner Produktionsweise begründet liegt, denn HipHop kam nicht plötzlich aus dem Nichts. Insbesondere das verwendete Samplematerial bindet ihn fest in eine Geschichte afroamerikanischer Kultur ein, die durch den Rekurs auf das Material zugleich auch neu geschrieben wird.

Der Begriff »Rap« stammt vom englischen Verb »to rap« ab und bedeutet so viel wie »schlagen«, »klopfen« oder »pochen«. In der afroamerikanischen Sprache taucht er seit dem 17. Jahrhundert mit wechselnden Bedeutungen auf. Seit 1870 wird er als Synonym für »reden« und »unterhalten« benutzt. Rappen ist Aufgabe des Sängers. Häufig wird auch von Rap-Musik gesprochen, doch der kulturelle Rahmen, in dem Rap-Musik produziert wird, heißt HipHop. Ich werde den Begriff HipHop als Synonym für Rap-Musik benutzen, es sei denn, ich schreibe ausdrücklich von der Kultur als Ganzem.

Das, was wir heute Rap nennen, kennt verschiedene musikalische Urheber. Zum einen wird die Herkunft des Rappens immer wieder den jamaikanischen DJs zugeschrieben, die wiederum in den Fünfzigerjahren US-amerikanische Rock'n'Roll-Radio-DJs und ihre schnelle, rhythmisierte Form der Ankündigung von Titeln imitierten und zu einer eigenen Gesangsform, dem Toasting, entwickelten. Der Export dieser jamaikanischen Technik nach New York wird im Allgemeinen Kool DJ Herc zugesprochen, einem der drei ersten Hip-Hop-DJs, der sich hierzu allerdings skeptisch äußerte: »Es gibt keine Beziehung zwischen Rap und dem Reggae. Man kann keine Musik aus Jamaika in der Bronx ansiedeln. Niemand hätte das akzeptiert. Die Quellen des Rap sind James Brown und die *Hustler Convention* der Last Poets.« [Zitiert nach Dufresne]

Die Last Poets waren eine Gruppe von Dichtern und Trommlern, die 1970, einer Zeit, zu der HipHop also noch nicht existierte, ihre erste Platte mit gleichnamigem Titel veröffentlichten. Auf ihr findet sich eine Form des

THE LAST POETS: THE LAST POETS, 1970

Sprechgesangs, die den Rap um ein paar Jahre vorwegnahm. Ihr Stil kann aber nicht wirklich dem HipHop zugerechnet werden.

Andere Autoren lassen Rap mit afroamerikanischen Wortspielen wie dem »Playing the dozens« oder dem »Signifying« beginnen. Beim Playing the dozens handelt es sich um ein Sprachspiel, das vor allem von Männern proletarischer Herkunft auf den Straßen gespielt wurde und dessen Sieger derjenige ist, der den Gegner verbal »auseinander nimmt«. Zu diesem Zweck wird beispielsweise die Sexualität des Gegners herabgewürdigt, es werden Spekulationen über die Promiskuität seiner Mutter angestellt und seine Person mit Hohn und Spott bedacht. Das Spiel basiert auf ritualisierter Beleidigung, die oft mit Prahlerei über die Eigenschaften des Sprechers verbunden ist. Sieger ist derjenige Spieler, dem es gelingt, das Publikum auf humorvolle Weise für sich zu gewinnen, wobei es weniger um den Realitätsgehalt der Aussagen geht. Die dem Gegner zugeschriebenen Aussagen sind in der Regel frei erfunden und werden nur um der Performance und des Wettkampfes willen dargebracht. Im HipHop findet sich diese Spieltradition zum Beispiel im »Dissing« oder in den »MC-Battles« wieder, einem verbalen Wettkampf, bei dem auch die Ehre des – oft unfreiwilligen – Teilnehmers auf dem Spiel steht. »To diss« ist die Abkürzung für »to disrespect« und bedeutet, jemanden herunterzumachen und verbal zu besiegen. In Signifying, Dissing und den Battles finden wir das von Ong weiter oben beschriebene kämpferische Moment oraler Kulturen wieder.

Signifying hebt sich bewusst gegenüber der Eindeutigkeit weißer Sprache ab. Im Signifying wird genau das nicht gemeint, was ausgesprochen wird. »Das schwarze ›signifying‹ versucht, Sprache aus der Eindeutigkeit der weißen Herrschaft zu reißen und die Wörter in einen neuen Kontext zu werfen, um zu sehen, was dann noch überlebt. Signifying ist Spiel und gleichzeitig Selbstsetzung, die über den Gewinn einer eigenen Sprache Selbstbewusstsein verschafft.«[38] Die spezifische Differenz der afroamerikanischen Kultur konstituiert sich in dieser Perspektive durch die Auseinandersetzung mit der hegemonialen, also der weißen Kultur.

Die bekannteste Parabel ist die des »Signifying monkey«. Sie existiert in unzähligen Versionen und erzählt die Geschichte von einem schwachen Tier, das den starken Löwen überlistet:

> »The monkey and the Lion got to talking one day.
> Monkey looked down and said, ›Lion, I hear you're the king in every way.
> But I know somebody who do not think that is true –
> He told me he could whip the living daylights out of you ...
> He talked about your mama and talked about your grandma, too,
> And I'm too polite to tell you what he said about you.‹«[39]

Der Löwe sucht daraufhin den Elefanten auf, dem er als Einzigem eine solche Herausforderung seiner Autorität zutraut. Dieser lehnt eine Entschuldigung ab und reagiert auf die Vorwürfe des Löwen, indem er ihn verprügelt. Es ist hierbei uninteressant, ob der Elefant tatsächlich das gesagt hat, was der Affe dem Löwen berichtet. Der entscheidende Punkt ist, dass es ein Fehler war, sich ohne weiteres auf die Äußerungen des Affen einzulassen, denn dieser kann nur deshalb sein Spiel mit dem Löwen treiben, weil der nicht verstanden hat, dass der Affe im Modus der Andeutung spricht, um ihn indirekt zu beleidigen.

Einer der stärksten Einflüsse für Rap war der Funk mit seinen treibenden Rhythmen. Dufresne schreibt darüber: »Seine Intensität (›Der Funk wird direkt aus den innersten Beweggründen von James Brown geboren‹) (Bouchey, Phillippe), sein Beat, seine tänzerische Kraft, sein Humor, sein Stolz auf die Zugehörigkeit zur afroamerikanischen Community (im Großen und Ganzen ist der Soul aus dem Kampf um Gleichberechtigung entstanden, und er verschwindet in seiner ursprünglichen Form nach dem Tode von Martin Luther King) – all das hat der Rap übernommen.«[40]

III. DIE HIPHOP-KULTUR

DIE DJS

Die DJs – Disc Jockeys – hatten in den Siebzigern den Grundstein für die Entwicklung von HipHop gelegt. Als Party-DJs steckten Kool DJ Herc, Afrika Bambaataa und Grandmaster Flash aus der New Yorker Bronx das Feld einer neuen Subkultur ab.

Im Mix kombinieren die DJs Geräuschmaterial verschiedener Schallplatten und manipulieren sie, ordnen sie in einen neuen Kontext ein. Diese Technik ermöglicht, sämtliche jemals auf Platten gepresste Geräusche zu nutzen und zu etwas Neuem zusammenzufügen, Elemente aus ihrem Kontext zu lösen und in einen neuen zu montieren. Dadurch entsteht ein Miteinander aus eigener Arbeit und einer weit ausdifferenzierten, mit Zitaten spielenden Verweiskultur. Dabei liegt das zentrale Moment allerdings nicht im Zitat an sich, sondern in der Montage, also der Kontextualisierung von Zitaten.

Eingangs wurde bereits erwähnt, wie sich Schrift in den Raum, mündliche Kundgebungen dagegen in die Zeit einschreiben. Doch seit Erfindung der Schallplatte, der Konservierung musikalischer Darbietung (und ihr folgend, anderer Medien, wie der CD, der MC, MD oder MP3 und, in unserem Zusammenhang auch von größerer Bedeutung, dem Videoclip) kann auch die orale Kultur reproduziert werden kann. DJ und orale Kultur sind so direkt miteinander verbunden. Durch das Mischen verschiedener Platten schafft der DJ eine interkontextuelle Verweiskultur, die sich dem kundigen Hörer öffnet. Sein Archiv ist der globale Vinyl-Output.

Der erste HipHop-DJ war Kool DJ Herc. 1973 legte er zum ersten Mal auf der Geburtstagparty seiner Schwester auf. Die Gäste waren von seinem Mix so begeistert, dass er sofort neue Aufträge bekam. Zunächst spielte er noch Reggae-Platten, merkte aber bald, dass die Musik seiner jamaikanischen Heimat das Publikum der Bronx nicht wirklich berührte, weshalb er sie mit Funk- und Latinostücken zu mischen begann. Nach jamaikanischer Manier baute sich Herc nach und nach sein eigenes Soundsystem – die Herculoids – auf und machte sich mit Blockparties in Schulen und Parks schnell einen Namen. Diese Blockparties dürfen als die Geburtsorte des HipHop gelten. Bevor sich die DJs in den Clubs etablieren konnten, bauten sie ihr Soundsystem in öffentlichen Parks auf, zapften Strom ab und feierten den jungen, wilden Stil –

»Wild style«, so die damalige Bezeichnung. Bei einem Soundsystem handelt es sich um eine Gruppe von DJs und Tontechnikern, die eine große Musikanlage besitzen, instand halten und auf Parties zum Einsatz bringen. Die soziale Verankerung spielte schon damals eine große Rolle, wie das folgende Zitat des New Yorker DJs Premier belegt: »I look at hiphop like this, man: you gotta walk around, hit the streets, know what's going on in the streets, in the community, you know what I'm sayin'. This way hiphop lasts. Hiphop will never die.« (DJ Premier; *Skit* auf: *New York Reality Check 101*; 1997)

Mit den Breakbeats schuf Kool DJ Herc ein weiteres Fundament für HipHop – hierzu genügten zwei Plattenspieler, Bassboxen und ein Verstärker zum Mischen der Platten. Das Prinzip ist einfach: Der DJ spielt die Songs nicht mehr am Stück, sondern bedient sich der Platten als Materialkasten für seine Ideen. Er wählt einen bestimmten Part auf der Rille – vielleicht den zweitaktigen Schlagzeugbreak einer Funk-Nummer – und lässt ihn durch Zurückziehen der Platte in die Ausgangsposition (so genanntes »Backspinning«) und erneutes Starten so lange laufen, wie es ihm gefällt bzw. so lange die Menge darauf begeistert tanzt. Alles, was er hierzu braucht, sind zwei Kopien derselben Platte. Über diesen Breakbeat – ein meist im 4/4-Takt gespielter, dem Funk verwandter Groove – sangen die ersten Rapper ihre Texte, priesen die Fähigkeiten des DJs und feuerten die Tanzenden an.

Man kann sich HipHop wie eine Pizza vorstellen. Der Breakbeat ist der Boden, auf den sämtliche Zutaten, ganz nach Gusto, gelegt werden können. Der DJ hat für seine Zubereitung potenziell so viele Zutaten, wie es Platten auf der Welt gibt. Er kann von indonesischer Gamelan-Musik über klassische Kompositionen bis hin zu afrikanischen Trommelrhythmen alles nur Denkbare über den Grundrhythmus – den Breakbeat – legen.

»Die alte Musik«, so Ulf Poschardt, »wurde zum Material für eine neue Musik, die im hegelianischen Sinne die alte aufhob, das heißt zugleich negierte, konservierte und erhöhte. [...] Der alte Song wird auseinandergenommen, weil Teile seiner selbst im Kontext der DJ-Schöpfung besser einsetzbar sind, nicht, weil der ursprüngliche Song nicht geschätzt wird oder gar vernichtet werden muss. Während sich die Collage über die Zerrissenheit und Heterogenität ihrer Komposition definiert, ist das konstruierende Element der DJ-Komposition die interpretierende und gestaltende Rekonstruktion des am Plattenteller Dekonstruierten.«[41]

Poschardt führt diese Eigenschaften so ausführlich aus, um HipHop von zwei anderen, großen Collage-Künsten des Zwanzigsten Jahrhunderts – dem Dadaismus und dem Punk – zu unterscheiden: Die Energie von HipHop ist positiv. Die Bohème-Bewegungen Dada und Punk arbeiteten dagegen an Infragestellung, Zerstörung oder Auflösung von Sinn; HipHop dagegen kommt ohne diesen destruktiven Impuls aus.

Afrika Bambaataa führte den Begriff »Positivity« als eines der Grundideale im HipHop ein. Bambaataa, DJ aus der Bronx, war es auch, der HipHop sein politisches und soziales Gewissen einhauchte. Seine Sozialisation erfuhr er in den späten Sechzigerjahren als Mitglied der Jugendgang Black Spades, der auch Kool DJ Herc angehörte. Sie bildete eine Art Ersatzfamilie, die ihm und vielen anderen schwarzen Jugendlichen aus oft zerrütteten Familienstrukturen – alleinerziehende Mütter sind in der afroamerikanischen Gemeinde der Regelfall – Geborgenheit und Schutz gewährte. Der schwarze Nationalismus der Sechziger verhalf vielen Afroamerikanern erstmals zu dem Gefühl, auf ihre Hautfarbe stolz sein zu können und motivierte sie, eigene Vorstellungen von einer schwarzen Gemeinschaft zu entwickeln.»Die 60er waren eine wunderschöne Zeit, denn man konnte Veränderungen erleben – nicht nur in Amerika, sondern in der ganzen Welt.«[42] Als die durch exzessiven Drogenkonsum und eine repressive Stadtteilpolitik bedingte Ganggewalt eskalierte und schließlich einer von Bambaataas Freunden ermordet wurde, begann er, sich von den Gangstrukturen und der Gewalt unter Schwarzen zu distanzieren.

Die positiven Seiten der Gangs aber, den Schutz und Zusammenhalt einer gut organisierten Gemeinschaft, versuchte er 1975 bei seiner Gründung der Zulu Nation zu bewahren. Die Black Spades zählten zeitweise 20.000 Mitglieder. Die Idee zur Gründung der Zulu Nation kam Bambaataa bereits in den frühen Sechzigern, als er den Film *Zulu* mit Michael Caine sah.»Er zeigte, wie die Zulus ihr Land verteidigten, als die Briten kamen, um es ihnen zu nehmen. Sie waren stolze Kämpfer, die sich sehr gut gegen Kugeln, Kanonen und das Zeugs zu behaupten wussten. Sie kämpften als Krieger für ein Land, das ihnen gehörte. Als die Briten glaubten sie haben gewonnen, siehst du als nächstes einen Berg mit Tausenden von Zulus und da mussten die Briten denken, dass sie sterben werden. Aber die Zulus sangen, priesen sie als Krieger und ließen sie leben. Da dachte ich mir, ich wünschte, ich hätte auch eines Tages eine

Zulu-Nation.«[43] Bereits Bambaataas Name ist einem Zulu-Häuptling des 19. Jahrhunderts entliehen.

Die Zulu Nation bestand zunächst aus Bambaataa und fünf Breakdancern. Sie ist heute in zahlreichen Ländern und Städten mit »Botschaften« und »Konsulaten« vertreten. Zulu Nation steht für »Knowledge, Wisdom, Understanding, Freedom, Justice, Equality, Peace, Unity, Love, Respect, Work, Fun. Overcoming the negative to the positive, Economics, Mathematics, Science, Life, Truth, Facts, Faith, and the Oneness of God.«[44] »Für den europäischen und amerikanischen weißen Intellektuellen«, gibt Ulf Poschardt zu bedenken, »mag der quasireligiöse, quasimythische, quasipolitische Zusammenschluss junger Breakdancer und eines DJs etwas Albernes und Verstiegenes an sich haben. Für Bewohner schwarzer Ghettos Mitte der Siebzigerjahre war es eine Möglichkeit, aus dem Teufelskreis krimineller Bandenherrschaft auszusteigen, ohne dadurch den Schutz und die Geborgenheit einer Gruppe zu verlieren.«[45] Anstatt zu schießen, zu prügeln, zu dealen und zu stehlen, tanzten, sprayten, scratchten und rappten die Jugendlichen und entwickelten so ein ganz neues, kreatives Selbstverständnis von Gang. Krimineller Aktionismus wurde in kulturellen transformiert. Die Identität des Gangbangers wurde zur B-Boy-Identität umgeschrieben. Dabei blieb zwar die soziokulturelle Herkunft identisch, Handlungs- und Lebensweisen der Gruppe wurden allerdings neu ausgerichtet.

Das breite Themenspektrum der Zulus und ihre Offenheit bildeten den idealen Grundstein für eine neue Kultur, die bislang weitgehend hedonistisch geprägt war. Afrika Bambaataa schrieb dem HipHop seine politischen Visionen ein und stellte zugleich Inhalte bereit, an denen sich sämtliche HipHopper abarbeiten konnten. Insbesondere die latent metaphysische Komponente seiner Botschaft gab einen zwar umrissenen, aber so vagen Rahmen vor, dass sich Generationen von Rappern, DJs, Breakdancern und Graffitikünstlern hiervon inspiriert fühlten und fühlen – auch wenn sich natürlich nicht alle HipHopper konsensual Bambaataas Erbe verpflichtet fühlen.

Die Arbeit der Zulu Nation kann durchaus als Sinnergänzung zu der musikalischen Seite von HipHop verstanden werden. Ihr optimistischer Geist geht davon aus, dass es möglich ist, gesunde Strukturen innerhalb einer kranken Welt etablieren zu können. Ihr Slogan lautet: »Die negative Energie der Kämpfe in positive und konstruktive Energie durch diese neue Straßenkultur umwandeln: den HipHop.«[46] Der hieraus resultierende positive Schaffenswille durchzieht die gesamte HipHop-Geschichte, angefangen beim ersten politischen Rap *The Message* von Grandmaster Flash and the Furious Five, und inspiriert immer wieder neue Sub-Bewegungen – Ende der Achtziger die spirituellen Consciousness Rapper der Native Tounge-Familie, die Ende der Neunziger in den Adepten Mos Def und Talib Kweli ein Revival feierten. Der Aspekt positiver und konstruktiver Energie ist auch für die Transformation von kulturellem in ökonomisches Kapital und dessen Institutionalisierung von Belang.

AFRIKA BAMBAATAA & SOULSONIC FORCE: PLANET ROCK • THE ALBUM, 1986

Ohne Afrika Bambaataas Impuls wäre HipHop vielleicht nur ein technischer Stil geblieben, der sich zwar zu einer Blüte hätte entwickeln, jedoch nie über eine Mode hinauskommen können. Der Visionär verband die Musik mit seinen politischen, sozialen, religiösen, philosophischen und metaphysischen Inhalten und schuf damit eine Gesamtkultur, die eben nicht nur Musik beinhaltet, sondern zum Lebensstil für Generationen von B-Boys wurde. Bambaataa war es auch, der die Einheit von DJs, Rappern, Breakdancern und Sprayern ausrief und so sicherstellte, dass jeder etwas zu dieser Kultur beitragen konnte.

Die Graffitikunst ist zum Beispiel nicht originär im HipHop verwurzelt, sondern entstand bereits Ende der Sechziger an amerikanischen Kunstschulen, wurde aber dank Bambaataa an die Szene gekoppelt. Sich auf diese »vandalistische« Art in den öffentlichen Raum einzuschreiben, war für Ghettojugendliche ein attraktiver Weg, auf sich aufmerksam zu machen, aber auch eine Möglichkeit für die Gangs, ihre Territorien – sog. »Turfs« – abzustecken. Die Technik verselbstständigte sich, und es entstand eine eigene Sprüherszene in den Großstädten. Bambaataa verknüpfte diese Szene mit den Tänzern, den Rappern und DJs. Er schuf einen neuen Kosmos. Heute wird Graffiti selbstverständlich mit HipHop in Verbindung gebracht.

GRANDMASTER FLASH

Grandmaster Flash war der einzige unter den ersten DJs, der eine Ausbildung zum Elektrotechniker abgeschlossen hatte. Die dabei gewonnenen Kenntnisse nutzten ihm, technische Probleme zu lösen und Geräte zu entwickeln, die zum Standard für jeden DJ werden sollten. Er war es auch, der den Mixer erfand. DJ Kool Herc hatte noch seine Plattenspieler über einen einfachen Vorverstärker verbunden, mit dem er zwischen beiden hin- und herschalten konnte, was eine recht grobe Technik ist. Deswegen bastelte sich Grandmaster Flash den Mixer, der es ihm ermöglichte, zwei Platten gleichzeitig abzuspielen und die nächste Platte auf dem Kopfhörer vorzuhören. Ein ungeheurer Schritt nach vorne, der erlaubte, den Mix eleganter zu gestalten und das DJing zu perfektionieren. Nun konnten die einzelnen Elemente nicht einfach nur hintereinander gespielt, sondern virtuos miteinander verbunden werden – ein Prinzip, das Grandmaster Flash später noch weiter ausbaute. Er war auch derjenige, der zum ersten Mal einen dritten Plattenspieler benutzte, auf dem er zusätzliche Geräusche in das Set mixte. Grandmaster Flash brachte außerdem den Drumcomputer in den HipHop ein, mit dessen Hilfe vorproduzierte Beats unter die Platten gemischt werden konnten.

Sampling

HipHop kam nicht aus dem Nichts. Insbesondere das verwendete Samplematerial bindet ihn fest in eine Geschichte afroamerikanischer Kultur, die durch den Rekurs auf das Material auch neu geschrieben wird. »The coded familiarity of the rhythms and hooks that rap Samples from other black music, especially funk and soul music, carries with it the power of black collective memory.«[47]

Der englische Begriff »Sample« bezeichnet den Ausschnitt oder Teil eines Ganzen, also zum Beispiel die isolierte Melodie eines Songs, eine Tonfolge oder einen Takt. Der Übergang vom Mixen zum Samplen brachte mit sich, dass die Produzenten zunehmend an Bedeutung gewannen. Sie verwiesen den DJ sehr bald auf den Platz eines rhythmischen Musikers, welcher fortan oft nur noch die Playbacks für ein Konzert auflegte und durch Scratcheinlagen auflockerte. Double Dee & Steinski führten die Technik 1983 mit *Lessons 1, 2 & 3* ein.[48]

Das Sampling ist aus der Computertechnologie und der daraus resultierenden Möglichkeit, musikalisches Material zu digitalisieren, weiterentwickelt worden. Während der DJ für seine Klangcollagen in der Regel noch zwei Plattenspieler zur Verfügung hatte, besaß der Produzent nun mittels Computertechnik sehr viel mehr Möglichkeiten, Verweise zu schaffen. Der Stil entwickelte sich von seiner rohen ursprünglichen Form zu einer immer weiter ausdifferenzierten Zitatkultur, die man im besten Sinne des Wortes als Weltmusik bezeichnen kann, jedoch als eine, die jenseits eklektizistischer Streifzüge durch die Musikgeschichte angesiedelt ist, da sämtliches verwendete Material in den Kontext des HipHop montiert werden muss.

EXKURS

Die Sample-Technik veränderte unser gesamtes Musikverständnis, aber auch die Art musikalischer Produktion. Bislang galt die Melodie als der genuine Einfall des Komponisten und ist sein unveräußerlicher Besitz. Zwar haben sich auch schon klassische Musiker gegenseitig zitiert und dies als Referenz – also Respektbezeugung oder Verhöhnung – verstanden, doch der Referenzcharakter des Zitats hält die Melodie im eigenen Werk als explizite Aussage gefangen. Mit dem Zitat wird das eigene Thema quasi von einer anderen Seite her neu diskutiert.

Die Melodie wird in der gängigen Rezeption »als ›Einfall‹ des Komponisten verbucht, den man meint, als Besitz mit nach Hause nehmen zu können, so wie er dem Komponisten als Grundeigentum zugeschrieben wird.«[49] Das Sampling attackiert dieses Verständnis geistigen Eigentums frontal und stößt so immer wieder mit dem Urheberrecht zusammen, mit dem das geistige Eigentum der Komponisten geschützt werden soll. Inzwischen ist aus dem Sieg dieser neuen Technik ein veritabler Markt entstanden. Auf Urheberrecht spezialisierte Anwälte kaufen für die Künstler die Rechte an Samples zu teils horrenden Summen. Samplereiche HipHop-Alben, die noch vor zehn Jahren produziert wurden, zum Beispiel das Beastie-Boys-Album *Paul's Boutique*, wären heute nicht mehr finanzierbar. Wem aber gehört eine Melodie, die Millionen Menschen täglich pfeifen? »Je verdinglichter die Musik«, schrieb Adorno, »um so romantischer klingt sie den entfremdeten Ohren. Gerade damit wird sie zum ›Eigentum‹«[50], das heißt, das »entfremdete Ohr« eignet sich die Musik an und expropriiert den Komponisten; nicht unbedingt im Interesse des Komponisten oder des Werkes. »Der Mann, der in der Untergrundbahn das Thema des Finales der Ersten von Brahms laut triumphierend pfeift, hat es bereits nur mehr mit deren Trümmern zu tun.«[51]

Diese Trümmer manifestieren sich als kollektiver Besitz, angesiedelt im kollektiven Gedächtnis, und sie sind eben die Samplerohmasse, aus der der Produzent etwas Neues erwachsen lässt. Er erschafft aus den dekonstruierten Trümmern, die er zusammenträgt, ein neues Haus. Adorno beschreibt die Verdinglichung der Musik als ihre Fetischisierung, die das Werk entindividualisiert, zur Ware und somit austauschbar macht. Eben hier vollzieht sich auch der von ihm beklagte Zusammenbruch der Trennung von Hoch- und Trivialkultur, die er in der Differenzierung von »Ernster- und Unterhaltungs-Musik« beschreibt.

HipHop hebt die Trümmer auf – um im Bild zu bleiben – und baut sich seinen eigenen Kosmos. Der Produzent fügt die Bausteine, also die von ihm gewählten Samples, zusammen, bearbeitet sie so lange mit Effekten, bis sie dem von ihm gewünschten Klangbild entsprechen, schneidet das Material auf und fügt es neu zusammen, mischt es mit anderen Samples, um am Ende seinen Beat zu hören. Ähnlich wie für Jazzmusiker ist es für den Produzenten wichtig, seinen eigenen Sound und Stil zu entwickeln, der ihn von anderen unterscheidet und wiedererkennbar macht – ein Ausdruck seiner Individualität, aber auch entscheidender Marktfaktor.

Und ähnlich wie bei Jazzmusikern ist es für HipHopper selbstverständlich, sich gegenseitig das eigene Material benutzen zu lassen. Was für den Jazzer die individuelle Interpretation eines Klassikers war, ist im Zeitalter des Samplers der Remix. Der Typus, den Adorno noch abfällig als den »fetischistischen Hörer« bezeichnet – also einen, dem gleichgültig ist, was und wie er hört, den nur noch interessiert, »dass er hört und dass es ihm gelingt, mit seinem privaten Gerät [gemeint ist das Radio] in den öffentlichen Mechanismus sich einzuschalten, ohne dass er auf diesen auch nur den geringsten Einfluss ausübte« – wird vom HipHop- Produzenten aufgehoben, denn er nimmt über seine Produktion sehr wohl Einfluss und vermittelt seine Individualität über den eigenen Stil. Selbstverständlich spricht Adorno von den Konsumenten, nicht den Produzenten von Musik. Trotzdem schließen sich seine Beobachtung und das hier Behauptete nicht aus, wenn man beide Prozesse als historisch aufeinander folgend betrachtet.

Der Prozess der Fetischisierung, den Adorno beobachtet und beklagt, schafft die Grundlage für die Produktion im Zeitalter der Postmoderne. Auf den Prozess der Verdinglichung jeder Melodie durch fetischisierendes Mitpfeifen und ihrer Verwendung als Film- und Werbemusik und Hintergrundgedudel folgte die Zeit des Mechanikers, der Vorhandenes aufgreift, bearbeitet und neu zusammenfügt. Es ist der menschliche Geist, welcher sich immer wieder erhebt und jedes Trümmerfeld zu einem Wohnpark umbauen will.

Man muss dem »fetischisierten Hörer« zu Gute halten, dass der HipHop-Produzent ohne ihn so nicht denkbar wäre. Auf welche Trümmer/Samples sollte er zurückgreifen? Der fetischisierte Hörer hat in gewisser Weise – als Ergebnis des langjährigen Prozesses eines kollektiven Hörens – das Material vorstrukturiert, auf das die Produzenten nun zurückgreifen. Durch den Prozess des kollektiven Hörens werden die verwendeten Samples wiedererkennbar, da sie zum kulturellen Allgemeingut gehören. Selbstverständlich ist ein Beat langweilig, der auf zu bekanntes Material setzt – vor allem dann, wenn er in der Bearbeitung dicht am Original bleibt – und hiermit einhergehend, ist es ein Spaß für HipHop-Fans, das Material zu entschlüsseln.

Die Entschlüsselung setzt natürlich einen gewaltigen Fundus an musikgeschichtlichem Wissen voraus. »Man muss viel freie Zeit und wenig Freiheit haben, um sich zum Jazzexperten auszubilden oder den ganzen Tag am Radio zu hängen; und die Geschicklichkeit, die mit den Synkopen so gut sich abfindet wie mit den Grundrhythmen, ist die des Autoschlossers, der auch den Lautsprecher und das elektrische Licht reparieren kann. Die neuen Hörer ähneln den Mechanikern, spezialisiert zugleich und fähig, die Spezialkenntnisse an unverhoffter Stelle außerhalb der gelernten Arbeit einzusetzen. Aber die Entspezialisierung hilft ihnen nur scheinbar aus dem System heraus. Je wendiger sie den Forderungen ihres Tages nachkommen, um so starrer werden sie jenem System unterworfen.«[52] Aber was, wenn die Mechaniker nun, beseelt von gemeinsamen Visionen und vom Schaffenswillen, beginnen, ihre Spezialkenntnisse für den Aufbau ihrer eigenen Welt einzusetzen? Scheint da nicht der humanistische, universelle Geist in postmodernem Gewand auf, dessen Verschwinden Adorno so bitter beklagt? Der B-Boy beherrscht das analysierende, auseinandernehmende Hören bis zu Perfektion. Nur hinterlässt er nicht die Trümmer um des Spaßes Willen, wie Adornos Autoschlosser, sondern hebt einzelne aus dem Trümmerfeld auf, um sie in ein eigenes, völlig neues Gefüge einzubauen. Er konstruiert etwas völlig Neues und Individuelles: den HipHop.

GRAFFITI

Der soziale Kontext, in dem die B-Boys agieren, ist durch städtebaulich verursachte Ghettoisierung des hauptsächlich von hispanischen Immigranten und Afroamerikanern bewohnten Stadtteils geprägt.[53] Die Gangs entstanden von 1968 an in den »Housing Projects« der Bronx (das sind soziale Wohnungsbaumaßnahmen, auch kurz »Projects« genannt) und wurden schnell größer, während sich die ökonomischen Bedingungen stetig verschlechterten. Die Gangs dominierten jeweils ein Territorium, die »Turfs«, und verteidigten es auch unter Einsatz von Gewalt gegen den Einfluss anderer konkurrierender Gangs. Anfang der Siebziger ließ der Gang-Einfluss aufgrund massiver Polizeigewalt wieder nach. Dieses Vakuum nutzten einzelne Jugendliche, um sich einer Praktik zu bemächtigen, die vorher vor allem von den Gangs benutzt wurde: das grafische Markieren ihres Territoriums. Während Gangs ihren Namen an Häuserwände schrieben, um den Turf abzustecken, erschienen nun Kürzel von Individuen, die Demarkationslinien ignorierten und ihr persönliches Zeichen »all city« platzierten. Diese »Tags« setzten sich, wie bei Taki 183, Lee 163rd oder Tracy 168, häufig aus dem Spitznamen des »Writers« und der Nummer der Straße, in der er wohnte, zusammen. Die Graffitikünstler arbeiteten an der symbolischen Codierung von Identität.

Die Tags, die besondere Aufmerksamkeit einbringen, wenn sie an vielen und ungewöhnliche Stellen des öffentlichen Raumes (wie z.B. U-Bahnen) auftauchen, sind die Vorläufer der kunstvolleren Graffiti. Im Unterschied zu den hyroglyphenartigen Tags werden Graffiti nicht mehr mit Filzschreibern gemalt, sondern mit Sprühfarbe aufgetragen. Bei den Graffiti-»Pieces« handelte es sich anfänglich noch um die komplexe Visualisierung des eigenen Pseudonyms (z.B. Supercool oder Phase 2), später wurden aber auch comicartige Figuren entwickelt, so genannte »Characters«. Besondere Beachtung fanden großformatige Bilder auf öffentlichen Verkehrsmitteln, die insbesondere der Stadtverwaltung ein Dorn im Auge waren. Mit dieser Form des Graffiti-Writings begann ein Wettstreit um den elaboriertesten Stil und die aufwendigste Gestaltung der Werke, in dessen Verlauf sich die Writer in »Crews« organisierten, die nach handwerklichem Können hierarchisch gegliedert waren – ein Prinzip, das sich auch bei den DJ-Crews wiederfindet. Somit wurde zumindest ein Teil der gewalttätigen Aktivitäten der Street-Gangs in »Style wars« um die Perfektion des künstlerischen Ausdrucks transformiert.

Dieser Wettstreit um Anerkennung findet sich in allen Ausdrucksfeldern des HipHops, seien es DJ-, MC- oder Breakdance-Battle. Gleichzeitig ist Graffiti eine ungeheure Anmaßung von Freiheit, nämlich der, sich in den öffentlichen Raum einzuschreiben. Dieses Privileg ist in den westlichen, kapitalistischen Staaten eigentlich nur all jenen vorbehalten, die dafür zahlen, also Geschäftsinhabern und Werbefirmen. Durch Graffiti eignen sich Jugendliche dieses Recht selbst an. Indem sie die Buchstaben stilisieren und abstrakt gestalten, schließen sie Unkundige aus und schaffen somit eine Gemeinschaft der Eingeweihten. Der Buchstabe wird durch die Abstraktion der direkten Pflicht entzogen, Information zu übermitteln. Auch hier liegt also ein radikaler Bruch mit der sonst üblichen Verwendung vor – eine Praxis die Torch, ein deutscher Rapper und Graffiti-Maler der ersten Stunde, als »terroristisch« [eigenes Interview] bezeichnet hat.

DIE SPRACHE DES HIPHOP

Es wurde bereits mehrfach auf die starke orale Verankerung afroamerikanischer Musik hingewiesen, für die es unterschiedliche Gründe gibt. Die Sprech- und Kommunikationskultur entwickelte sich zum Beispiel aus der (west-)afrikanischen Tradition (der Griot), bedingt durch das Dasein als Sklaven mit all seinen Begleitbedingungen – also etwa das Verbot traditioneller Instrumente, entindividualisierende Lebensumstände etc. – und lässt sich von der der White Anglo Saxon Protestant-Bevölkerung (WASP) durchaus unterscheiden.

Ben Sidran macht darauf aufmerksam, dass die Musik für den Sklaven und seine gebrochene Persönlichkeit die einzige Möglichkeit darstellte, seiner Individualität Ausdruck zu verleihen. Für jeden Sänger war es somit ein Grundgebot, seine eigene Stimme zu entwickeln. Diese Tradition zieht sich durch sämtliche afroamerikanischen Stile. Jeder Jazztrompeter entwickelte seinen eigenen, unverkennbaren Stil, bevor er vor das Publikum trat. Für die Rapper trifft das ebenso zu. »The development of ›cries‹ [also der »eigenen, individuellen Stimme«] was thus more than a stylization; it became the basis on which a group of individuals could join together, commit a social act, and remain individuals throughout, and this in the face of overt suppression.«[54] Die Redefreiheit liegt hier also nicht primär in dem Gesagten, sondern vor allem in der Art, *wie* etwas gesagt wird: im persönlichen Stil spiegelt sich die (momenthafte) Befreiung des Individuums. Selbstverständlich können wir auch den Lyrics viel entnehmen; selbst wenn wir nur die textliche Oberfläche betrachten, wie schon das Beispiel der Parabel des Signifying Monkeys deutlich gemacht hat, bedeutet diese oft mehr, als darin direkt geäußert wird. Dies gilt auch für die Musik, die zum Beispiel im Blues und Jazz über Blue Notes ein Spannungsfeld aufbaut, das zwischen Seiendem und Sollendem schwingt. »The ›blue‹ areas [...] as well as the cries and shouts were instances of intonation carrying a nonverbal kind of information, an application of the diatonic scale unexploited outside oral cultures. [...] Jones has suggested that the nature of the lyrics to work songs was ›underground‹ material, that seemingly innocent words had multiple meanings, and that therefore the music was more than it seemed.«[55]

Der Sklave, der auf den Baumwollfeldern seine Arbeitslieder sang, gab den Wörtern noch eine weitere Bedeutungsebene. Seiner Antipathie gegenüber dem ihn unterdrückenden System verlieh er wie der Signifying Monkey mittels scheinbarer Apathie Ausdruck. Dieser Ausdruck ist für alle seine Leidensgenossen zugänglich, dem Unterdrücker bleibt sie jedoch unverständlich und harmlos. »Whereas Western communication theory is based on the notion that speech contains much that is redundant to intelligence and therefore wasteful of bandwidth, making it possible for cybernetics to reduce communication to digital, yes/no systems, black communication maintains the integrity of the individual and his ›personal‹ voice in the context of group activity.«

Herbert Marcuse äußert sich ganz ähnlich. Seine Argumentation kann erklären, warum die Unterdrücker den Subtext der Sklaven nicht haben verstehen können: »Im Ausdruck dieser Denkgewohnheiten [gemeint ist das positive Denken] verschwindet allmählich die Spannung zwischen Erscheinung und Wirklichkeit, Faktum und Faktor, Substanz und Attribut. Die Elemente der Autonomie und Entdeckung, des Beweises und der Kritik weichen der Beziehung, Behauptung und Imitation. [...] Es ist das Wort, das Befehle erteilt und organisiert, das die Menschen veranlasst, etwas zu tun, zu kaufen und hinzunehmen. Es wird in einem Stil übermittelt, der eine wahre Sprachschöpfung ist, in einer Syntax, bei der die Struktur des Satzes derart abgekürzt und zusammengedrängt wird, dass zwischen den Satzteilen keine Spannung, kein ›Raum‹ mehr verbleibt.«[56]

Rap-Lyrics sind Geschichten aus dem Alltag, sowohl der Protagonisten als auch des Publikums. Das Personal dieser urbanen Stories setzt sich aus wohlbekannten Prototypen – Gangster, Hustler, Bitch, Revolutionär, Superheld etc. – zusammen oder ist persönlicher Bericht aus dem Leben des Künstlers, der wiederum bei den Tatsachen bleiben oder in Fantasiewelten ausschweifen kann. All diese literarischen Formen lassen Rückschlüsse auf die Lebenswelt der Künstler zu. Dem quasi-journalistischen Stil des »Storytellers« – einem Subgenre der Rap-Lyrics – gelingt die Anbindung ans Autobiografische am einfachsten, aber auch die verrückten Visionen eines Kool Keith gewähren persönliche Einblicke, handelt es sich doch um die Träume eines B-Boys, in denen Science-Fiction-Bilder, sexuell-pornografische Fantasien, politischer Aufruhr und spirituelle Predigten, expressionistische Wortbilder und simple Spinnereien ein schillerndes Amalgam eingehen. All dies erzählt sehr viel und geht doch zugleich über das direkt Gesagte weit hinaus.

Rap-Lyrics sind die Geschichten einer Generation von Amerikanern, die es verstehen, sämtliche Lebensaspekte und Sprachebenen zu verarbeiten. Vom Fernsehkonsum und der Filmwelt über die Werbung, die Politik und Witze bis zur genrespezifischen Selbst-Referenzialität – das Format der Rap-Lyrics deckt all das ab. Und obwohl einige erfolgreiche Rapper aus der Mittelklasse stammen, bleibt die komplexe Kunst des HipHop die unverkennbare Musik des Ghettos, dessen Geschichten immer wieder neu erzählt werden. Die interne Gewalt, die zerrütteten Familien, die Drogen, die Polizeigewalt und die Kriminalität werden immer wieder thematisiert. Entweder als nüchterne Ist-Beschreibung, als anklagende, wütende Rede oder aber auch im Fall der Gangsta-Rapper als idealisierte und romantisierende Selbststilisierung, die auf das alte Bild des ungebändigten und freien »bad black man« rekurriert. Dieser kennt seine Vorläufer, zum Beispiel die Figur des Stackolee (auch Stagger Lee), eines schwarzen Bösewichts, der bereits in diversen Bluessongs und Balladen auftauchte.[57]

Der Rapper ist also mehrerlei: Erst einmal ist er Dichter, der einen künstlerischen Umgang mit Sprache pflegt. Diese ist zum einen fest mit der Musik und ihrer Bewegung, dem Tanz, verbunden, zum anderen soll sie die Dinge in ihrer tatsächlichen Form darstellen. Weiterhin ist er Sprecher und Repräsentant einer gewählten Gemeinschaft, die weit über das Publikum hinausreicht. Er spricht und erzählt nicht nur, sondern fordert auch etwas ein. »No justice, no peace!« ist solch eine interkulturelle Forderung, die über die Sprechsituation des Rappens hinaus soziale Wirkung beansprucht. Aber der Rapper ist nicht nur Repräsentant seiner Kultur, sondern vor allem eins: eine Persönlichkeit mit ganz bestimmten persönlichen Erfahrungen – über ihn werden ganz persönliche Lebensumstände öffentlich gemacht. Dies kann an sich als politischer Anspruch gelten, jener Forderung ähnlich, welche die Bürgerrechtler einst erhoben haben, nämlich die nach voller Anerkennung des Sprechenden als menschliches Individuum.

Für den Rapper – ebenso wie für die anderen HipHopper – ist das Sprachspiel zugleich aber auch mehr als nur der Austausch von Wörtern: es ist eine Lebensform. Der aus der Bronx stammende, politische MC KRS One meint eben dies, wenn er äußert: »You're not listening to HipHop. You are HipHop!« HipHop als »Way of Living« ist ein offener Diskurs, der konsensuelle Werte produziert, bestätigt oder verwirft, die direkt auf das Leben der Teilhabenden wirken. Diese konsensuelle Wirkkraft entfaltet sich zum einen im Inneren der Kultur selbst, also in der Lebenswelt der Aktivisten, zum anderen dient sie der Grenzziehung nach außen und der Verständigung darüber, in welcher Form und worüber mit diesem Außen kommuniziert wird. Wir finden in der Sprache des HipHop also alle drei Formen des Diskurses: Kultur und Bedeutung, Handlung und schließlich Differenz. Die HipHop-Kultur schafft Bedeutung, indem sie sich konkret äußert. Die kulturellen Äußerungen entwachsen einem sozialen Handlungskontext. Da HipHop und die ihn umgebende Community unauflösbar miteinander verknüpft sind und HipHop ein soziales wie kulturelles Phänomen ist, das im größeren gesellschaftlichen Rahmen der rassistisch strukturierten USA angesiedelt ist, markiert soziale Reflexion auch das Reden über und die Konstruktion von Differenz.

Zwei Begriffe sind für den Rap zentral: Sinn-Machen und Wahrheit äußern. Sinn-Machen bezeichnet die sinnvolle Verknüpfung von Fakten und deren Einordnung in einen Kontext. Der Blick hinter das Faktische ist Voraussetzung für einen gelungenen Rap-Text.[58] »Rap Music is history in a literal sense: an account, a body of language that tells what happened and why, a combination of information and interpretation that summarizes, dramatizes, and makes comprehensible what African-Americans were doing from the late 1970s to the early 1990s.«[59]

Diese Interpretation der Welt geschieht immer aus dem persönlichen Blickwinkel des Rappers. Da der Rapper aber auch den Anspruch erhebt, die Wahrheit zu erzählen, ist sie mehr als nur individueller Fokus. Das Material ist konsensuell vorstrukturiert. Es gibt immer wieder Themenbereiche, an denen sich Subgenres abarbeiten, und Phasen, in denen gewisse Themen des Rap dem Zeitgeist entsprechen. So hört man beispielsweise in den Neunzigerjahren immer wieder, dass die »Revolution« die »Solution« für den schwarzen Mann brächte. (Nas, Illmatic, 1994; Black Star, Mos Def and Talib Kweli are …, 1998)

Spricht ein Rapper etwas aus, das als wahr gilt, so wird dies oft von ihm selbst oder vom Publikum mit dem Ausruf »Word« oder »Word up« bekräftigt. Es bedeutet soviel wie »das ist keine Lüge« oder »das ist absolut richtig«, die Abkürzung des Spruchs »My word is bond«, wobei »bond« im Englischen soviel wie »Verpflichtung«, aber auch »Fessel« bedeutet. »In dieser Spannung«, so Poschardt, »entsteht Hip-Hop und das Wissen von Hip-Hop.«[60]

Die Interjektion »Word«, die absolute Zustimmung ausdrücken soll, wird zum Synonym von Wahrheit. Die Wahrheit steckt im Wort selbst. »Wahrheit ereignet sich damit jedes Mal aufs neue, wenn der Ausruf ›Word‹ den Konsens zwischen den Kommunizierenden verkündet. [...] Damit Sprache als Rede so konsens- und wahrheitsfähig wird, müssen alle Hegemonien des Herrschaftsdiskurses ausgeschaltet werden.« Ulf Poschardt beschreibt dieses »Ausschalten« als Zentralmotiv der afroamerikanischen Sprachkultur, die sich »in der herrschenden [d.i. weißen] symbolischen Ordnung immer fremd gefühlt« habe.[61] Ich verweise an dieser Stelle noch einmal auf Ong und seine Feststellung, dass orale Kulturen den Wörtern aufgrund ihrer Präsenz magische Bedeutung zutrauen.

Das grundsätzliche Paradox, das HipHop im Verhältnis zu seiner Umwelt eingeht, besteht darin, die Wahrheit in einer als verlogen empfundenen Welt zu erzählen, das Richtige im Falschen zu tun. Auf der einen Seite bewusst Teil der Medienwelt und »Babylons« – als Symbol für die weiße Welt der Lüge und des Betrugs, ein Begriff, der durch den Reggae und den Gospel in den Pop eingeführt wurde – begreift man die Community doch als eigene Welt, die sich das Motto *Do the Right Thing* gibt – so der Titel eines Public Enemy Albums und eines Films von Spike Lee.

Diesen Hintergrund vor Augen, wird klar, was Public-Enemy-Chefideologe und Rapper Chuck D meint, wenn er Rap als »Black CNN« bezeichnet. HipHop ist eine Strategie der Gegenöffentlichkeit, die es einer unterprivilegierten, minoritären Gruppe ermöglicht, die eigene Stimme zu erheben und die Dinge so darzustellen, wie sie aus ihrer Sicht tatsächlich sind. Es ist nicht die Sichtweise der Politiker, die die Ghettos bereits aufgegeben und sich selbst überlassen haben, und nicht die der Polizei, die das Ghetto in seinen Grenzen hält. Ebenso wenig ist es die Stimme der großen TV-Stationen und Zeitungen, die immerfort den Sensationen hinterher jagen und über schießende, randalierende, prügelnde und vergewaltigende, Drogen verkaufende Ghettobewohner berichten. HipHop ist die Stimme vom unteren Rand der Gesellschaft, mit der sich deren Bürger effektvoll ins öffentliche Bewusstsein rücken. Für diese Art des HipHop können wir den Schritt vom Signifying hin zum Truthtelling feststellen. Die hochrespektierte, aber nie zu vollem Ruhm gelangte New Yorker Band Stetsasonic beschreibt ihre Art, die Wahrheit mitzuteilen, folgendermaßen:

»Lies, that's when you hide the truth
That's when you talk more jazz than proof
And when you lie and address somethin' you don't know
It's so wack that it's bound to show
When you lie about me and the band we get angry
Whip out a pen and start writin' again
And the things we write are always true, sucker
Get a grip 'cause I'm talking 'bout you«

Wahrheit setzt sich diskursiv durch. Die Lüge offenbart sich selbst (»It's so wack that it's bound to show«). Der Rapper ist der Verkünder der Wahrheit, da er per definitionem nicht lügen kann (»the things we write are always true«). Die Wahrheit entstammt außerdem einem historischen Kontext, nämlich der Geschichte der Black Music. Der Text fährt fort:

»Tell the truth, James Brown was old
'Til Eric and Rak' came out with ›I Got Soul‹
Rap brings back old R&B and if we would not
People could have forgot
We want to make this perfectly clear
We're talented and strong and have no fear
Of those who choose to judge but lack pizzazz
Talkin' all that jazz«[62]

Der Rapper äußert also nicht nur Kraft seiner eigenen Person bzw. seiner Funktion die Wahrheit, sondern auch, weil er sich auf Quellen bezieht, die gemeinhin bereits als wahr gelten. Diese Wahrheit muss stets aufs Neue geäußert werden, da ihr sonst das Vergessen droht. Der Rapper übernimmt die Rolle des Priesters, der die Menschen immer wieder auf den richtigen Pfad bringt, indem er sie an die heiligen Worte erinnert. Einer, der solches tut, braucht keine Angst vor denjenigen zu haben, welche über ihn lästern und richten. Er tut Recht. Das ist seine Mission.

Andere Rapper, wie der bereits erwähnte KRS One, begreifen sich daher als »Teacher«, also als Lehrer, und benutzen HipHop ganz bewusst, um Wissen zu vermitteln. Und genau wie im journalistischen Bild, das Chuck D verwendet hat, vermittelt ein HipHop-Teacher der schwarzen Jugend das, was das weiße Schulsystem der USA sie nicht lehrt: die schwarze Sichtweise auf die eigene Geschichte, auf das eigene Leben und die eigene Realität. KRS One versteht sich auch als »rap missionary«, als »walking dictionary«, als »truly legendary« und als »black revolutionary«.

»So all the racist codes I'll decode, explode
My words are subliminal
Sometimes metaphysical
I teach, not preach [...]
Rap needed a teacher, so I became it
Rough and ready, the beats are very steady
With lyrics sharp like a machete«[63]

Die Anfänge des Rap

Nachdem sich die frühen DJs und ihre Blockparties etabliert hatten und wachsende Besucherzahlen die neuen wilden Beats hören wollten, wurde der MC – der »Master of Ceremony« – eingeführt, um die staunende Menge von der Virtuosität des DJs abzulenken. Der MC animiert das Publikum zur Partizipation. Er fordert die Anwesenden auf, »to keep their hands clappin', fingers snappin', feet tappin'«[64] oder lobt die Fähigkeiten des DJs. Die in Reimen vorgetragenen Fähigkeiten der eigenen Crew gehen dabei oft mit der Herabsetzung von Konkurrenten einher, dem Dissing. Die improvisierten oder formalisierten Statements wurden später zu Texten erweitert, die zum Teil von mehreren MCs vorgetragen werden, wobei der eine die Zeile des anderen beendet oder ein Dialog geführt wird. Diese frühen Formen des Rap wurden durch die Praxis der Plattenfirmen begünstigt, Instrumentalversionen der Stücke auf die B-Seite der neu eingeführten Maxi-Singles zu pressen, zu denen die MCs ihren Rap vortragen konnten.

Der Erste, der mit dem Mikrofon in der Hand über die Breakbeats rappte, war der bereits erwähnte Kool DJ Herc. In Jamaika mit den Toastings des Skas aufgewachsen, war es für ihn nicht ungewöhnlich, sich und sein Soundsystem anzupreisen. Der erste Mann aus Hercs Umfeld, der sich ausschließlich aufs

Rappen konzentrierte, war Coke La Rock. Coke improvisierte über Hercs Beats einfache kurze Worte, um das Publikum von der Virtuosität des DJs abzulenken. Der MC stand also noch nicht im Vordergrund des Geschehens, sondern unterstützte lediglich die Musik.

Hierzu benutzte Coke La Rock »little phrases and words from the neighbourhood that we used on the corner [...]. Like we talking to a friend of ours out there in the crowd«[65], wie Kool DJ Herc erzählt. An diesem Verfahren hat sich bis heute nichts geändert. Auch wenn die Rapper ihre Worte inzwischen an ein weltweit verstreutes Publikum, also nicht mehr nur an Leute aus ihrer Nachbarschaft, adressieren, richtet sich HipHop in Form und Inhalt nach wie vor an seinesgleichen, an Leute aus der gleichen sozialen Gruppe. Und auch das verwendete Vokabular entstammt nach wie vor der eigenen lokalen Gruppe. Jeder bessere Rapper hat ein ganz spezifisches, also unverwechselbares Vokabular, das er höchstens mit seinen engsten Mitstreitern teilt, ein Umstand, der abermals auf den von Ong beschriebenen Lebensbezug oraler Kulturen verweist. Er ist außerdem Ausdruck gegenseitiger Identifikation, einer Vorstellung von Gleichartigkeit, die eine Bedingung für kollektive Identität ist.

Die Single *Rappers Delight* von der Sugarhill Gang darf als die erste Rap-Platte gelten. Sie erschien 1979 auf *Sugarhill Records*. Mit der Veröffentlichung dieses Songs trat HipHop aus den New Yorker Ghettos und damit weltweit in Erscheinung. Sylvia Robinson, R&B-Sängerin in den Sechzigern, war durch ihre Kinder auf das neue Phänomen Rap aufmerksam geworden und hatte beschlossen, eine Rap-Gruppe zusammenzustellen. Die Tatsache, dass diese Gruppe von einer Person, die nicht aus dem Rap-Genre selbst kam, quasi »gemacht« wurde, trug der Sugarhill Gang zwar nicht nur Lob aus den eigenen Reihen ein, tat dem Erfolg des Songs aber keinen Abbruch. Die HipHop-Szene war damals noch Teil des New Yorker Undergrounds, hatte also keine eigene Stimme, die im Mainstream-Diskurs wahrgenommen werden konnte. So wurden die Zeilen der Sugarhill Rapper Mike, Big Bang Hank und Master G überall als die Worte zur Zeit verstanden:

> »I said a hip hop the hippie the hippie
> To the hip hip hop, a you don't stop the rock it
> To the bang bang boogie, say up jump the boogie
> To the rythm of the boogie, the beat

> Now what you hear is not a test – I'm rappin' to the beat
> And me, the groove' and my friends are gonna try to move your feet
> See I am Wonder Mike and I like to say hello
> To the black, to the white, the red, and the brown, the purple and yellow
> But first I gotta bang bang the boogie to the boogie
> Say up jump the boogie to the bang bang boogie
> Let's rock, you don't stop
> Rock the riddle that will make your body rock [...].«[66]

Rappers Delight ist ein Text, der einfach nur Spaß machen will und damit absolut dem Zeitgeist entsprach: »fresher« konnte man nicht formulieren. Und er ist eine Art Zusammenfassung dessen, was die MCs bis dato geleistet hatten: Blockparties zu »rocken«. Nicht viel Aussage, mag man einwenden, und dennoch leistet dieser Text etwas, was sich bis heute durch viele Rap-Lyrics zieht, nämlich die eigene Aktivität, die Produktionsweise und die Re-Aktion des Publikums selbstreferentiell im Text zu reflektieren. Der Reim wird an sämtliche Hautfarben adressiert. Die Hinzufügung der Farben »purple and yellow« überführt außerdem rassifizierende Schattierungskategorien in den Bereich des Nonsens. Die Veröffentlichung von *Rappers Delight* markiert noch einen anderen wichtigen Punkt: den Wandel des Publikums – weg von einem präsenten New Yorker Underground-Publikum, das den sozialen Hintergrund mit den MCs teilt, hin zu einem örtlich dispersen Publikum, das sich aus Fans verschiedener Schichten, Klassen und Nationen zusammensetzt. Das neue Publikum wirkte wiederum auf die in den Lyrics transportierten Inhalte zurück. Zwar bleiben »Spaß haben« und »Party machen« bis heute zentrale Aussagen, aber das Spektrum ist breiter geworden. »Shout outs«, also Grüße, welche die MCs bisher an ihre eigenen Viertel adressierten, werden nun auch in andere Städte, Länder und Kontinente gesandt.

Frühe Rap-Lyrics handelten ausschließlich von der Größe des MCs, des DJs und der eigenen Crew, wie Scorpio (Grandmaster Flash and the Furios Five) ausführt: »Everything was about you, how good you was and how many girls you can get, that was what your rhyme was about – of every rapper.

The subjects changed really, the contexts of rhymes actually changed when ›The Message‹ came out, because all way from the early days to ›The Message‹ everything was about rhymes and parties and, you know, ›throw your hands in the air‹. And when ›The Message‹ came out and then, you know, you started rhyming more about what's going on really in the inner city, you know what I mean.«[67]

Der erste Text, der über diese Ebene hinaus eine politische Botschaft hat, stammt ebenfalls von Grandmaster Flash & The Furious Five und heißt programmatisch *The Message*. Der Song sorgte für großes Aufsehen, hatte er doch gleich eine Vielfalt an Themen verarbeitet: Das Fernsehen, verlorene Mädchen, die Schule, der leichte Gewinn und das schnelle Geld, die Drogen, Gott, das Gefängnis etc. – all das in mehr als sieben Minuten, für einen Popsong untypisch, als kompakte Beschreibung des Lebens im Ghetto.

»Got a bum education, double-digit inflation
Can't take the train to the job, there's a strike at the station
Don't push me cause I'm close to the edge
I'm tryin' not to lose my head
It's like a jungle sometimes it makes me wonder
How I keep from going under.«[68]

Dieser Text ist klassenbewusst. Er rekurriert auf den Bildungsstand der schwarzen Unterschicht, auf alltägliche Hader im Kampf um den Erwerb. Gleichzeitig beschreibt er die urbane Entfremdung von den Leidensgenossen, indem er lapidar von einem Streik, nicht aber von dessen Hintergründen erzählt. In diesem städtischen Dschungel ist es ein Leichtes, unterzugehen, weshalb sich der Protagonist wundert, den täglichen Kampf überhaupt zu bestehen. Die rauhen Verhältnisse bedrohen nicht nur seine Gesundheit, sondern auch den Verstand (»I'm tryin' not to lose my head«). Der Verlust des Verstandes ist in der Tat ein häufiges Phänomen unter verarmten Schwarzen, insbesondere unter den Frauen – eine Art geistige Flucht vor der als ausweglos empfundenen sozialen Lage.[69]

Def Jam

Die ersten Rap-Platten wurden von Leuten außerhalb der HipHop-Szene verlegt. Dies änderte sich, als der aus der Mittelklasse stammende Russel Simmons und sein Kompagnon, der jüdische Philosophiestudent Rick Rubin, 1984 das Label *Def Jam*
gründeten. Simmons hatte bereits zuvor erfolgreich Gruppen wie Whodini, Dr. Jeckyl & Mr. Hyde und Run DMC gemanagt. *Def Jam* avancierte Mitte der Achtziger mit Gruppen wie Public Enemy, den weißen Beastie Boys, L.L. Cool J und Slick Rick (der das Storytelling erfand) zu einem der wichtigsten HipHop-Labels. 1984 pries das Wall Street Journal den damals 26-jährigen Simmons als »Mogul of Rap«.

Sein Credo beschrieb Simmons folgendermaßen: »I want to make successful black heroes, like what I've tried to do with Run DMC and Kurtis [Blow], I didn't say ›positive‹ because that's a trap. It's got to be real.«[70] Russel »macht« schwarze Helden. Er stilisiert öffentliche Vorbilder, so genannte »Role Models«. »To be real« ist ein weiterer Schlüsselbegriff des HipHop. »Real« sein bezieht sich auf die Grundattitüde jeden Gebarens, jeder Äußerung und jeden Auftritts. Es bedeutet, seinen Ursprung nicht zu leugnen und »wahr« zu erzählen, was sich abspielt. Das heißt nicht unbedingt, dass Texte nicht mehr fiktional sein dürfen oder dass der Rapper nicht mehr angeben und übertreiben darf – der Ursprung seiner Worte muss jedoch erkennbar bleiben. Ist ein MC nicht real, so ist er »fake« – falsch oder nachgemacht, gefälscht. Die Attitüde »Realness« bestätigt die Aktivisten gegenseitig darin, gewisse Handlungs- und Lebensweisen, Orientierungen und Erwartungen – alles Determinanten der kollektiven Identität – zu teilen und ernst zu nehmen.

Diese Authentizität war der neuen Generation von Rappern wichtig, da sie die alten MCs für zu aufgeblasen hielten. Die ersten MCs kamen von der Straße. Wenn sie von luxuriösen Apartments und Autos, Champagner und Diamanten sangen, so waren dies Objekte, die von vornherein außerhalb des Möglichen lagen, die Wunschträume eines B-Boys. Nachdem aber kommerzieller Erfolg für den Rapper tatsächlich im Rahmen des Möglichen war, änderte sich auch das Verhältnis zum Wohlstand. HipHop war es gelungen, um mit Pierre Bourdieu zu sprechen, sein kulturelles Kapital in ökonomisches zu transformieren. So traten ausgerechnet die neuen Rapper, die nicht unbedingt von der Straße kamen, mit einer Street-Attitude auf. Die Kleidung wurde schlichter, der einzige Luxus, den man offen ausstellte, waren dicke Goldketten. Run DMC erzählen in einem Stück einfach von ihren Lieblingsschuhen und ihrer Vorliebe, diese ohne Schnürsenkel zu tragen:

>»Now me and my Adidas do the illest thing
>We like to stamp out pimps with diamond rings
>We slay suckers who perpetrate
>And lay down law from state to state
>We travel on gravel, dirt, road, or street
>I wear my Adidas when I rock the beat
>On stage, front page, every show I go
>It's Adidas on my feet, high top or low«[71]

Hier dominiert die Selbstdarstellung. Die Haltung und Attitüde werden zur Schau gestellt und damit vor allem die eigene Coolness demonstriert. Zuhälter mit Diamantenringen und nervende »Sucker« werden ausgeschaltet, die Gesetze sämtlicher Staaten missachtet. Der freie Bad Black Man, den wir schon aus der Figur des Stackolee kennen, taucht hier wieder auf. Aber es gibt auch andere Themen. So stellen Run DMC in ihrem Text zu *Faces* Überlegungen zu Konkurrenz, dem anderen Geschlecht und Rassismus an:

>»I race at a pace with no shoelaces
>The racist faces, placin' disgraces
>Taste the bass of the racial facial
>Disgraceful tasteless racist faces
>Get out of my face, don't bass, don't waste my time,
>my brother
>I'm not color blind
>I walk the face of the earth
>Face death, face the best and I'll just
>Rip, flip and trip, won't shut up or let up
>Get out of my face so we could go head up

> Damn, D, yo yo, they don't understand me
> In this land when they always try to ban me
> Hyping the stereotype of a face
> And that's the problem with the human race
> Haste makes waste, don't trace the other places
> We're all the same but with different faces«[72]

Dass Menschen nach Hautfarben kategorisiert werden, ist nicht nur eine Bürde (»disgrace«), sondern hält den Protagonisten auch davon ab, erhobenen Hauptes durchs Leben zu gehen (»we could go head up«) – doch das betrifft nicht nur ihn, sondern die ganze schwarze Gemeinschaft, wie das »we« indiziert. Aber auch der Ausgrenzende ist Bestandteil der gesamten Menschheit, die per definitionem gleich ist, bloß unterschiedliche Gesichter kennt. Was die Menschen von der angestrebten Gleichheit abhält, ist die Propagierung rassistischer Ideale (»hyping the stereotype of a face«).

Run DMC brachten Hardrock und weißen Pop in den HipHop ein, indem sie Bands wie Led Zeppelin oder The Beatles sampleten und zum Teil parodierten. Die Verbindung von HipHop mit Rock-Harmonien und Gitarrensounds wurde extrem populär und brachten Run DMC auch ein weißes Publikum ein, welches bis dahin nicht sehr viel mit HipHop anzufangen wusste. Der große Durchbruch gelang ihnen 1986 mit ihrer LP *Raising Hell*, von der sie – eine Novität im HipHop – mehr als eine Million Platten verkauften.[73] Auf diesem Album finden sich sowohl das bereits zitierte *My Adidas* als auch Titel wie *Proud to be Black*. Die Themenpalette ist also weit angelegt.

Die Geschichte von *Def Jam* ist eine Erfolgsgeschichte. Und sie ist quasi epochenbildend für den HipHop. *Def Jam* beendete die Phase von Labels wie *Sugarhill Records* und *Enjoy*, die Rap seine ersten Erfolge beschert hatten. Während diese Labels von Leuten außerhalb der HipHop-Szene gemanagt wurden, hatten die beiden *Def Jam*-Macher Russel Simmons und Rick Rubin zuvor bereits als Produzenten und Manager von HipHop-Acts gearbeitet. 1984 investierte jeder von ihnen 2000 Dollar, um die Single *I Need a Beat* von L.L.Cool J zu produzieren. Es war ein entscheidender Punkt, dass die B-Boys ihre ökonomischen Geschicke zum ersten Mal in die eigenen Hände nahmen. Aus ihrer Mittelklasse-Herkunft machten sie dabei jedoch kein Geheimnis. Sie hatten es nicht nötig, sich eine falsche Ghettoidentität zuzulegen und versuchten es von vornherein auch gar nicht. Alles andere hätte auch Simmons bereits zitiertem Anspruch an die Realness der Akteure widersprochen. Rubin erzählt: »Russel und ich stammen aus der Mittelklasse einer Vorstadt. Aber gleichzeitig gibt es in Amerika einen Unterschied zwischen einer ›weißen‹ oder ›schwarzen‹ Vorstadt. In den ›schwarzen‹ Vorstädten hält man zusammen und hilft sich gegenseitig. Wir

RUN DMC: RAISING HELL, 1986

sind also vielen verschiedenen Einflüssen gegenüber offen. Selbst wenn die Musik in der South Bronx, in Manhattan oder in Brooklyn, also in den ärmeren Gegenden, geboren wurde – jetzt ist sie in Long Island angekommen.«

HipHop ist sehr pragmatisch. Erlaubt ist, was erfolgreich ist, solange es der Kultur als Ganzer nicht schadet und sie nicht ausverkauft. Die von Rubin genannten Einflüsse, denen *Def Jam* gegenüber offen sei, schlagen sich in der breiten Palette ihrer Künstler nieder. Von den erwähnten Hardrock-HipHoppern Run DMC über die musikalisch ähnlich ausgerichteten Beastie Boys, dem Super-Lover L.L.Cool J bis hin zu den revolutionären Public Enemy – *Def Jam* haben immer wieder ein sicheres Gespür für erfolgreiche Produktionen bewiesen.

Der Vizepräsident der Firma, Bill Stephney, beschreibt das Konzept folgendermaßen: »Wir arbeiten sehr hart an ihrem [d.i. Public Enemy] Erscheinungsbild, an dem, was sie sagen und was auf ihrem Cover steht. Alles ist auf eine politische Perspektive ausgerichtet, und das macht den Erfolg von *Def Jam* [...] aus. Jeder Künstler hat sein eigenes Konzept. L.L.Cool J ist ›der Mann von der Straße‹. Run DMC sind die ›Hard Rock'n'Roll Rapper‹, Whodini sind eine Art bürgerliches ›Sexsymbol des Rap‹, Public Enemy sind ›politische Rapper‹ und Oran Juice Jones sind die ›Gangster‹. Und dann die Beastie Boys: Sie haben das Image, den guten alten Rock'n'Roll zu machen, um zu feiern. Diese Art von Image ist nötig, und dann muss man es beibehalten, weil sich die Kids davon sehr angesprochen fühlen. Wenn eine Gruppe nur einen Hit hat und

L.L. COOL J: BAD, 1987

kein Image, kaufen die Kids vielleicht den Hit, aber nie das ganze Album.«[74]

Alles wurde professionell geplant, nichts dem Zufall überlassen. Die perfekt inszenierte Imagebildung folgte ganz der im Pop so wichtigen Logik der Repräsentation. Gerade der Personenkult um Prominente bildet deren Sozialkapital, das ebenso wie das kulturelle in ökonomisches Kapital transformiert werden kann.

Man kann solche Zitate kulturpessimistisch lesen und sämtliche Aussagen, die von Rap-Künstlern getroffen werden, als hohle Werbefloskeln begreifen, die einzig dem Verkauf dienen. Sinnvoller scheint es aber, in ihnen eine unternehmerische Strategie zu sehen, die zwar den Markt analysiert und auch erfolgreich bedient, dabei aber auch darauf achtet, dass der künstlerische Ausdruck weiterhin Kontroverses artikuliert. Eine solche Gratwanderung setzt voraus, dass man das Interesse der Zielgruppe verstanden hat und fähig ist, einem teils sehr kritischen Szene-Publikum qualitativ Hochwertiges zu bieten. Ist ein Text von Public Enemy nur deshalb weniger radikal, weil hierfür ein Markt besteht? Das Entscheidende hieran ist, dass HipHop zuerst einen subkulturellen Lebensstil kreiert hat und diesen daraufhin über seine ökonomisch institutionalisierten Erscheinungsformen in einem dialektischen Prozess bedient. Der Rapper Kool Moe Dee beschreibt das folgendermaßen: »Wenn sie Hunger haben und keinen Pfennig in der Tasche, wollen sie wissen, warum das so ist. Die Kinder und Jugendlichen aus der Bronx wollen eine Antwort. Und sie hören Rap. Wenn der Rapper ihnen Lösungen zeigt oder auch nur über die Gründe ihrer Armut rappt, hören die Kids ihm zu, weil sie gerade so etwas hören wollen.«[75]

Das Erfolgsrezept *Def Jams* bestand also darin, dass sie verstanden, professionell Sinn zu stiften – professionell heißt hier: Man hat sich vorher darüber kundig gemacht, welche Sinnbedürfnisse beim Publikum bestehen, beziehungsweise dies aufgrund der Szenezugehörigkeit intuitiv gewusst.

Public Enemy

Die Band, die bei *Def Jam* vor allem das Bedürfnis nach Politischem stillt, ist Public Enemy (P.E.) Was bei P.E. Schein und was Sein ist, lässt sich nicht immer leicht sagen, da sie es sehr geschickt verstehen, sich medial in Szene zu setzen und Aufmerksamkeit, wenn nicht sogar Tumult zu erzeugen, der sowohl ihre Items in den Medien platziert als auch in letzter Konsequenz dazu dient, den Absatz ihrer Platten zu befördern. Hierbei haben sie im Laufe der Jahre ein derartiges Geschick entwickelt, dass Russel Simmons von *Def Jam* ihnen attestierte, sich bis zur Perfektion zu vermarkten.[76]

Der Bandname ist eine Referenz an James Browns Anti-Heroin-Song *Public Enemy #1*.[77] Sie beziehen sich also mit ihrem Namen eindeutig auf schwarze musikalische (Brown) und soziale (Drogen) Geschichte. P.E. boten dem Rap 1987 eine neue Richtung und Orientierung an. »Für sich genommen sprengt er [der Bandname] noch nicht die Popregeln (›Radical chic‹), aber vor dem Hintergrund der sehr gespannten Situation in den Ghettos der Marginalisierten spricht er pointiert aus, wo Millionen Afroamerikaner heute ihren sozialen Standort sehen.«[78]

Der Grundstein der Band wurde gelegt, nachdem Chuck D 1985 den Rapper und Multiinstrumentalisten Flavor Flav kennenlernte und beide eine Radiosendung gestalteten. 1986 wurden sie von Professor Griff ergänzt, der bis dahin einige Rapgruppen gemanagt hatte, aber vor allem als Führer der Unity Force auffiel, einer Art Fruit of Islam – Kampfverband der NOI. Diese wandelte er dann zur Security Of The First World (S1W) um, die zum bewaffneten Bestandteil der Bühnenchoreografie von P.E. werden sollte. »Die Idee mit den Waffen auf der Bühne stammt z.T. von den Black Panther, die bei der Black Community noch heute in Erinnerung sind. Sie wurden von den Herrschenden als Terroristen und von vielen (keineswegs allen) Afroamerikanerinnen und Afroamerikanern als Helden angesehen. Die Waffen auf der Bühne sind Symbole. Sie sollen daran erinnern, dass die heutige Situation der verarmten Afroamerikaner eine Vorgeschichte hat. Die Europäer besaßen Waffen und verschleppten unsere Vorfahren aus Afrika nach Amerika.«[79]

Das martialische Auftreten der Gruppe löste ganz verschiedene Reaktionen aus – Abscheu vor dem Operettenhaften einer solchen Aufführung, Angst vor dem Gebaren bewaffneter Schwarzer oder Zustimmung gegenüber dem mutigen Auftreten und den Referenzen, die damit gezogen wurden. Professor Griff fungierte fortan als »Informationsminister« der Gruppe, war also so etwas wie ihr Pressesprecher.

Die Musik von P.E. war neu, ihr Beat extrem samplelastig, die Geräuschkulisse lärmig. Hank Shoklee, einer der Produzenten der Gruppe, drückte das so aus: »Wenn man Lärm zu Lärm akkumuliert, ärgert sich die ganze Welt.«[80] Der Lärm ist Programm und Konzept. Dieses kompositorische Extrem steht im komplementären Verhältnis zu ihrer Message, die ebenso direkt und schockierend wirkt. P.E. selbst sehen das etwas nüchterner: »Wir machen Musik und haben gleichzeitig den Vergessenen etwas zu sagen, möchten ihnen Vertrauen geben. Wir haben von der westlichen Welt die Versklavung und die Diskriminierung erfahren, die heute in eine geistige Versklavung umgeschlagen ist. Wir spielen unsere Musik, und mit ihrer Hilfe zeigen wir unsere Forderungen. Das ist keine Provokation. [...] Wir haben Probleme mit der westlichen Welt, die sich zivilisiert nennt.«[81]

Wir finden bei P.E. sowohl eine kritische Distanz zur westlichen Welt, die nicht zuletzt in der gewählten Nähe zu Louis Farrakhans NOI kulminiert, wie auch ein advokatorisches Engagement für die »verarmten Afroamerikaner«, verbunden mit einem klassenkämpferischen Standpunkt, der aus der Tradition der BPP stammt. In P.E. bündeln sich die verschiedenen radikalen afroamerikanischen Traditionen zu einem kulturellen Großangriff.

> »Elvis was a hero to most
> But he never meant shit to me, you see
> Straight up racist that sucker was simple and plain
> Motherfuck him and John Wayne
> 'Cause I'm black and I'm proud
> I'm ready and hyped plus I'm amped
> Most of my heroes don't appear on no stamps
> Sampel a look back, you look and find
> Nothin' but rednecks for 400 years if you check
> ›Don't Worry Be Happy‹
> Was a number one jam
> Damn, if I say it you can slap me right here
> (Get it) Let's get this party started right

Right on, c'mon
What we got to say (Yaaaah!)
Power to the people, no delay
To make everybody see
In order to fight the powers that be

FIGHT THE POWER
We got to fight the powers that be«[82]

P.E.s Politik bewegt sich natürlich immer auf kultureller Ebene, ist also symbolischer Natur. Das drückt sich in der Ablehnung von Elvis – der den Schwarzen den Rock'n'Roll stahl und kommerziell ausbeutete – und John Wayne auf der einen Seite aus, auf der anderen in der Kritik von Bobby McFerrins Hit *Don't Worry Be Happy*, der aus Chuck Ds Sicht das falsche Bewusstsein schon im Titel trägt. In all diesen Beispielen wird auf die hegemoniale Macht des weißen Amerikas über die Schwarzen hingewiesen. Über Diffamierung von Helden des weißen Amerikas wird Differenz markiert. Kollektive Identität stellt sich immer auch über solche Differenzen her. Chuck Ds Helden sind nicht auf den Briefmarken der USA repräsentiert – eine Äußerung, die sicher nicht als Aufforderung zur Postreform zu verstehen ist, sondern als Kritik an der Repräsentanz von Vorbildern im öffentlichen Raum. Eines von Chuck Ds Vorbildern ist James Brown, dem er mit dem Ausspruch »I'm black and I'm proud« Referenz erweist. Die Kraft und Eindringlichkeit der Texte von P.E. sind unmittelbar und verschafften ihnen so große Aufmerksamkeit, dass sich ihr zweites Album *It Takes a Nation of Millions to Hold Us Back* 900.000 mal verkaufte.[83]

Trotz ihres Erfolges können P.E. nicht alles sagen, was sie wollen. Sie stehen, wie schon viele Künstler vor ihnen, in der Zwickmühle zwischen freier Rede und Marktgesetz. Sie sind darauf angewiesen, im Radio und auf *MTV* gespielt zu werden, da sie ohne Airplay keine realistischen Marktchancen hätten. So sind sie gezwungen, Sprachcodes zu benutzen, die es ihnen erlauben, oberflächlich harmlos klingende Botschaften unter die Eingeweihten, also die B-Boys und die radikalen, politisch informierten Fans, zu bringen. Dieses subversive Konzept verweist sowohl auf die Parabel des Signifying Monkey als auch auf die Funktion, welche die Slangsprache von Anfang an hatte, nämlich Kommu-

nikation unter Gleichgesinnten zu ermöglichen, ohne von Außenstehenden verstanden zu werden. So wurde die Frage »Black race! How low can you go?« beispielsweise auf Intervention der Plattenfirma, der dies zu explizit war, zu einem vieldeutigen »Bass! How low can you go?« umformuliert.[84]
»P.E. drückt sich in Metaphern aus. [...] So behandeln sie einige Themen recht vorsichtig, sie benützen eine Art Code, den nur die Rapper und die Leute verstehen, die ihre Musik verstehen. [...] Ist das ein Kompromiss? [...] Um deine Meinung an den Mann zu bringen, musst du dir überlegen, wie du das machst. Eigentlich ist daran nichts Schlechtes, weil du damit die Medien betrügst.«[85] Seine eigene Position reflektiert Chuck D in *Don't Believe the Hype* folgendermaßen:

»[...] Turn up the radio
They claim that I'm a criminal
By now I wonder how
Some people never know
The enemy could be their friend, guardian
I'm not a hooligan
I rock the party and
Clear all the madness, I'm not a racist
Preach to teach to all
'Cause some never had this
Number one, not born to run
About the gun
I wasn't licensed to have one
The minute they see me, fear me
I'm the epitome – a public enemy
Used, abused, without clues
I refused to blow a fuse
They even had it on the news
Don't believe the hype!«

Alles, was auch immer in den Mainstream-Medien über ihn berichtet werden wird, entlarvt Chuck D hier als »Hype« – als aufgeblasene Promotion. Die Musik von P.E. ist lärmend und ein Schock für das ungewöhnte Ohr. Kein

Wunder also, dass sie auch in Hardrock-Projekten fusionierten. So veröffentlichten sie mit der typischerweise weißen New Yorker Thrash-Metal Band Anthrax die Single *Bring the Noise* und bewiesen damit ihre Fähigkeit, über Grenzen hinweg kommunizieren zu können. Ihre Musik ist ebenso widersprüchlich, wie es ihre Texte mitunter sind. Wir finden keine expliziten Abhandlungen nach dem Schema: Problem, Analyse, Lösung. Den Hörern wird vielmehr eine verwirrende Anzahl an Stimmungen und Meinungen geboten und mit Nebenbedeutungen gespielt. »Public Enemy machen eine Musik, die wie solche Stimmen im Kopf ist. Vielfache Persönlichkeiten, die nicht verschmelzen, werden Sprache, die sich nicht beruhigt, ein schreiender Wahnsinn.«[86]

LOGO DER BAND PUBLIC ENEMY

Und P.E. wehrten sich immer wieder gegen zu genaue Textanalyse, dagegen, dass einzelne Aussagen aus dem Kontext gerissen und für sich untersucht werden. Hierin offenbart sich bereits der oben beschriebene Konflikt zwischen Oralität und Literalität. »Mir geht es auf den Nerv«, so Chuck D, »dass viele schwarze und erst recht die weißen Liberalen so verdammt *schriftlich* (Hervorhebung im Original) drauf sind, dass sie gar nicht mehr den Weg zur Praxis finden.«[87]

Nachdem Bandmitglieder sich öffentlich gegen Homosexuelle (Flavor Flav) und gegen Juden (Professor Griff) geäußert hatten, wendete sich das Blatt gegen P.E. Professor Griff äußerte sich in einem 1988 veröffentlichten Interview gegenüber dem *Melody Maker*: »Wenn die Palästinenser zu den Waffen greifen und in Israel einmarschieren würden und alle Juden umbrächten, wäre das perfekt.« Dieses Interview blieb ein Jahr lang unbemerkt und schlug erst Wellen, als es von der *Washington Post* augegriffen wurde. Griff legte sogar noch nach, indem er »die Mehrheit des Mülls, der überall auf der Welt regiert«, den Juden anlastete.

Die Situation war verfahren, P.E. sahen sich gezwungen, sich von Griff zu trennen, wobei bei vielen Beobachtern Zweifel blieben, ob die Trennung, wie vorgegeben, wegen der inhaltlichen Differenzen mit Griff erfolgte oder wegen des starken öffentlichen Drucks. Chuck D sagte in einem Interview: »Griffs Äußerungen entsprechen nicht unserer politischen Meinung. Wir sind keine Antisemiten. [...] Griff hat uns sabotiert, das war ein interner Absprachefehler, und wir hätten dies Problem gerne im Privaten gelöst.«[88]

Professor Griffs antisemitische Äußerungen und Flavor Flavs Attacken gegen Homosexuelle greifen auf bereits bestehende Grenzmarkierungen identitärer Differenz zurück. Feindseligkeit gegenüber Homosexuellen und Antisemitismus kennen in Teilen der afroamerikanischen Gemeinde zahlreiche Beispiele. So kam die Kritik an den Äußerungen Griffs auch nicht aus der Community, sondern aus den sensibilisierten Mainstreammedien. Der Fall markierte die Tatsache, dass der Diskurs der Mainstreammedien zu Konsequenzen – Griffs Ausschluss aus der Gruppe – innerhalb der HipHop-Szene führen kann.

P.E. sind bis heute im Geschäft, veröffentlichen immer wieder Alben und arbeiten auch des öfteren für den Regisseur Spike Lee. Inzwischen ist auch Professor Griff wieder im Boot. Sie erzielen zwar noch immer kommerzielle Erfolge, ihre Relevanz und Bedeutung geht aber auf die ausgehenden Achtziger zurück, jene Zeit, zu der sie ihre größte öffentliche Aufmerksamkeit erreichten und dem HipHop eine neue Richtung gaben. Das reichte bis in den Style, weg von den dicken Goldketten hin zu schlichter Straßenkleidung. P.E. waren Vorbilder für viele nachfolgende Bands, die wieder mehr Bewusstsein und weniger Ego in den Rap brachten.

Gangsta-Rap

Der Rapper ist eingeborener Ethnograph. Er kommt von der Straße – zumindest behauptet er das, vor allem wenn er sich im Genre Gangsta Rap betätigt – und berichtet über das Leben auf der Straße. Entsprechend stilisieren sich die MCs bzw. ihre Protagonisten zu typischen Männern der Straße: hart, skrupellos, hedonistisch und immer auf ein schnelles Geschäft oder Sex aus.

Das Leben auf der Straße ist hart. Aus einem 1990 erschienenen Bericht des *New England Journal of Medicine* geht hervor, dass ein schwarzer Mann in Harlem heute eine geringere Chance hat, sein fünfundsechzigstes Lebensjahr zu erreichen als ein Mann aus Bangladesch. Der damalige Gesundheitsminister

Louis Sullivan stellte hierzu fest: »Ich glaube, es ist keine Übertreibung zu sagen, dass der junge schwarze, amerikanische Mann eine bedrohte Spezies ist.«[89] Die soziale Lage schafft einen Markt für harte Texte. Wie bereits dargelegt, entspringt HipHop einer konkreten sozialen Situation und drückt sich als Lebensstil aus. In den spannungsreichen, städtischen Zonen besteht das Bedürfnis nach rauher Musik und direkten Lyrics, die den Alltag reflektieren, glorifizieren, von ihm berichten oder Konsequenzen fordern.

Ein Gangsta leidet an einem schweren Herzen. Er hat viel einstecken müssen und nimmt die Dinge, wie sie sind. Der Gangsta ist ein harter Mann, der für seine und die Ehre seiner Gangbrüder einsteht. Stets muss er darauf bedacht sein, dass sein Territorium nicht verletzt wird und dass er nicht übervorteilt wird. Er hat eine fast paranoide Angst, dass es die Frauen nur auf sein Geld abgesehen haben. Jeder muss für sich und seine Gang stehen. Die Gesetze der Straße und des Verbrechens sind strikt. In Ermangelung ziviler, strafender Instrumentarien und Maßnahmen, sind die Sanktionen der Straße drastisch. So wird immer wieder von Vendettas, also der Blutrache erzählt – zentrales Motiv: die verletzte Ehre der Wahlfamilie, es kommt zu Drive-By-Shootings, Mutproben, es wird in rauhen Mengen Alkohol getrunken und Marihuana geraucht, und Frauen tauchen meist nur in der Figur der »bitch« oder »ho« (kurz für »whore«) auf – beides Synonyme für Prostituierte. Die drastische Form dieser Lyrik erklärt sich, abgesehen von den sozialen Umständen, in denen sie angesiedelt ist, aus dem von Ong beschriebenen Hang oraler Erzählungen zu begeisterten Schilderungen physischer Gewalt.

Kein anderes Genre hat ein solches Aufsehen erregt, wie der Gangsta-Rap. Die Platten verkauften sich millionenfach – nicht nur bei Ghettobewohnern, sondern insbesondere auch bei weißen Collegekids, die vor den Stereoanlagen ihrer Dormitories vom aufregenden Leben der schwarzen Desperados träumten, zugleich mussten sich die Rapper immer wieder vor Gericht verteidigen. Eigens eingerichtete Eltern-Organisationen liefen Sturm gegen die Verbreitung der obszönen Inhalte und setzten – wie z.B. die unter dem Vorsitz der ehemaligen demokratischen Vizepräsidenten-Gattin Tipper Gore geführte Parents Music Ressource Center (PMRC) – die Kennzeichnung von Tonträgern mit Aufklebern durch, welche die Aufschrift »Parental Advisory: Explicit Lyrics« tragen. »Immer wieder«, schreibt David Toop, »muss die Rap-Bewegung sich anhören, ihre Musik sei amoralisch in ihrer scheinbaren Affirmation des Verbrechens, der Schusswaffen, in ihrer Frauenfeindlichkeit, Aggressivität und in ihrem Lärm. Dabei hat sich die Umgebung, aus der Rap entsteht, ins Extreme und Surreale gewandelt: ihr Verfall, ihr Desinteresse an menschlicher Würde und menschlichem Leben.«[90]

Für den HipHop bedeutete diese übersteigerte Aufmerksamkeit zweierlei: höhere Verkaufszahlen – die »Explicit Lyrics«-Aufkleber sind die beste Werbung und quasi Qualitätsstempel – und das Problem, missverstanden zu werden, da es sich bei Rappern ja nicht um tatsächliche Killer handelt. Dies gilt zumindest weitestgehend für den Zeitpunkt Ende der Achtzigerjahre. Zwar hatten einige Rapper kriminelle Erfahrung und auch schon Kontakt mit dem Gefängnis gehabt – was jedoch, wie erwähnt, für den schwarzen Unterschicht-Amerikaner keine Ausnahme ist –, aber mit Ausnahme des Storytellers Slick Rick gab es unter ihnen keine Mörder. Rapper sind Musiker und öffentliche Redner, die über gewisse Aspekte der sozialen Realität berichten und diese künstlerisch verarbeiten. Damit beziehen sie sich häufig auf klassische Vorlagen: Der Gangsta taucht bereits als Prototyp in frühen Bluessongs und teilweise noch weiter zurückliegend als »Stackolee« auf.

In Bezug auf eine der größten und erfolgreichsten Gangsta-Rap Gruppen, N.W.A. (Niggaz With Attitude) und einen ihrer charismatischen MCs, Eazy-E., sagt der Teacher KRS One: »Ich denke, dass N.W.A. eine gute Gruppe ist. Ich halte sie nicht für gewalttätig, man sollte die Grenze zwischen Realität und Fiktion ziehen. Ich glaube nicht, dass Eazy-E seine Zeit damit verbringt, auf Leute zu schießen oder so. Für mich ist er das musikalische Gegenstück von Eddie Murphy. Sie schauspielern, machen ein Spektakel. Wo ist die Grenze? Du gehst ins Kino und guckst dir Leute an, die aufeinander schießen, und dann hörst du N.W.A., und man nennt sie gewalttätig.«[91]

N.W.A. wurde wie keine andere Band – außer Public Enemy vielleicht – mit dem Inhalt ihrer Texte identifiziert und immer wieder aufgefordert, sich zu erklären. Der Rapper und Produzent Dr. Dre sagte hierzu: »Wir sind weder die Guten noch die Bösen im Bezug auf Gewalt, wir sind in der Mitte.« Und sein Kollege Ice Cube, Rapper und Texter der Gruppe, führt aus: »Wir sind wie Reporter.«[92]

Als Reporter berichten sie vom Kriegsschauplatz Compton, einem der ärmsten Bezirke L.A.s. Ihre Metapher auf den Krieg zwischen Banden und der

Polizei heißt Vietnam, und die Frontlinie läuft durch ihre Städte. Ihr Reportagestil ist der einer Boulevardzeitung: laut, grell und sehr einprägsam. Sie erzählen plakativ Geschichten und ihre Fähigkeit, das vorgefundene, reale Material mit Elementen klassischer Erzählungen und journalistischer Eindringlichkeit zu verbinden, verleiht dem Erzählten die Wirkkraft, die sich nach nur sechs Wochen in der Vergoldung ihres Debütalbums *Straight Outta Compton* niederschlug – und dies trotz

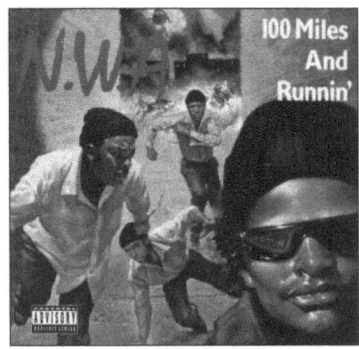

N.W.A.: 100 MILES AND RUNNIN', 1990

des Boykotts durch *MTV* und sämtliche große Radiostationen, denen die verhandelten Inhalte zu explizit waren. David Toop beschreibt ihre Technik als die der »Propaganda-Rückkoppelung«: »Hier waren Leute aus Compton, [...] die die Meinung vertraten, dass in den späten 80ern Vietnam auf den Straßen von Los Angeles ausgetragen wird, um dann dem Rest von Amerika via gewalttätiger, atmosphärischer Berichterstattung zurückgeschickt zu werden. [...] Das Problem an der N.W.A.-Selbsteinschätzung als objektive Beobachter war, dass ihre Musik, zumindest manchmal, erfrischend und amüsant sein konnte. Sollen Verbrechens-Reportagen dein Herz zum Schlagen bringen, dich zum Tanzen animieren?«[93]

Straight Outta Compton war ein Skandal. Laut Steven Wells vom *New Musical Express* werden auf dem Album mehr als zweihundertmal die Begriffe »Fuck« und »Motherfucker« verwandt.[94] Aber zum eigentlichen Eklat kam es erst, als die amerikanische Bundesbehörde FBI Druck auf N.W.A. auszuüben begann. Das FBI fühlte sich verantwortlich, gegen die Songs *Fuck tha Police* und *Gangsta Gangsta* zu intervenieren. Der Aufruhr um das Album schlug dermaßen hohe Wellen, dass die *Village Voice* von Mitgliedern der American Civil Liberties Union und des Kongresses berichtete, die dem FBI vorwarfen, in diesem Fall gegen die Verfassungsgarantie auf freie Rede zu verstoßen.[95] Es war das erste Mal in der Geschichte der Behörde, dass sie sich mit einer Band auseinandersetzte. Ice Cube nennt Texte wie den inkriminierten *Fuck tha Police* »revenge fantasies«, also verbale Rache für alltägliche Demütigung.[96] Ich erinnere daran, dass Diskurse Macht ausüben und Machtfaktor sind. So nimmt es nicht Wunder, dass ein Song wie *Fuck tha Police* von den Behörden als direkter Angriff auf ihre Autorität gewertet wurde.

»Fuck the police comin' straight from the underground
A young nigga got it bad 'cause I'm brown
And not the other color
Same police think
They have the authority to kill a minority
Fuck that shit 'cause I ain't the one
For a punk motherfucker with a badge and a gun
To be beaten on and thrown in jail
We can go toe to toe in the middle of a cell
Fuckin' with me 'cause I'm a teenager
With a little bit of gold and a pager
Searchin' my car, lookin' for the product
Thinkin' every nigger is sellin' narcotics
[...]
Fuck the police!«[97]

Der Feind des Teenagers auf der Straße wird hier klar benannt: Der rassistische Polizist, der davon ausgeht, dass es sich bei jedem Schwarzen mit etwas Wohlstand (»with a little bit of gold and a pager«) um einen Drogendealer handelt. Der Grundton gegenüber dem Feind ist aggressiv. Die Differenz von Schwarz / Weiß wird hier auf eine legalistische Ebene transferiert: Weiß wird mit Polizist und Schwarz mit (potenziell) kriminell gleichgesetzt. Diejenigen, die unter dieser Konstellation zu leiden haben, sind die schwarzen Jugendlichen. N.W.A. ergreift das Mandat für diese Gruppe, repräsentiert sie im öffentlichen Raum.

N.W.A. verstanden vor allem, sich zu inszenieren. Allein der Name ist ein Skandal. Viele derjenigen, die in den Sechzigern für die Bürgerrechte gekämpft hatten, können die Selbststigmatisierung der jungen Generation schwarzer Amerikaner als »Nigga/Nigger« nicht nachvollziehen. Die Drastik, mit der N.W.A. Dinge benennen, hat einen einfachen Grund: sie ist publicityträchtig.

Bis Ende der Achtziger waren es vor allem die Gruppen der Ostküste und hier vor allem New Yorks, die den Markt beherrschten. Der Gangsta-Rap katapultierte jedoch viele Gruppen der Westküste, also im Wesentlichen Kaliforniens, an die Spitze der Charts. Man hatte ein neues Genre gefunden, das mit starken Worten Aufmerksamkeit erregte. »Die moralistische Panik, die N.W.A. entzündeten, mag auch damit zu tun haben, dass es nun möglich war, dass große Mengen von Teenagern sich Platten anhörten, die von einer kleinen unahängigen schwarzen Firma rausgebracht wurden, ohne dass Plattenindustrie oder Radio daran mitgewirkt hatten.«[98] N.W.A. veröffentlichten auf dem eigenen Label *Death Row Records*. Die »Death row« ist der Zellengang der US-Gefängnisse, in denen die zum Tode verurteilten Straftäter einsitzen.

Der Mann, der die meisten Texte für N.W.A. schrieb, nennt sich Ice Cube. Und Ice Cube ist einer derjenigen, die nicht aus dem Ghetto, sondern aus der Mittelklasse stammen. N.W.A. strickten von Anfang an ihre Legende. Die Aussagen in Interviews sind widersprüchlich. Viele Rapper werfen ihnen vor, das Ghetto zu idealisieren und das Stereotyp des »kriminellen Negers« zu befördern. Ice Cubes Reaktion: »Wir werden nur härter, weil die Straße härter wird.« Solcherlei Aussagen stehen natürlich in direkten Zusammenhang mit der Vermarktung eines Images. In anderen Interviews lässt sich Ice Cube in die Karten des Marketing schauen: »Ich bin dafür da, Geld zu verdienen und diese Platten zu vermarkten. Ich will niemand aufstacheln. Ich will kein Modell [der Begriff bezieht sich auf das englische ›role model‹ – Vorbild; J.K.] sein, um wie eine Marionette zu enden.«[99]

N.W.A. romantisierten das Ghettoelend nicht zuletzt deshalb, weil dafür ein konkreter Markt besteht. Sie bastelten ihre eigene Legende und streuten Gerüchte über ihre kriminelle Vergangenheit. Eazy-E behauptete sogar, das eigene Plattenlabel aus Gewinnen des Crack-Handels aufgebaut zu haben. Als das FBI ankündigte, alle aus Drogengeldern aufgebauten Unternehmen zu beschlagnahmen, dementierte er. Was sich das Publikum wünscht, ist Authentizität, eine Eigenschaft, die Produzenten von Popkultur zwar inszenieren können, die aber in den seltensten Fällen real ist. Ice Cube gab nach Verlassen der Gruppe zu, nie Gang-Mitglied gewesen zu sein – er hatte Betriebswirtschaftslehre und Architektur studiert – und auch der Rapper und Produzent Dr. Dre äußerte sich ähnlich.

Dennoch sind N.W.A. immer wieder von der Wirklichkeit eingeholt oder gar überholt worden. Ein 1992 auf allen amerikanischen Sendern ausgestrahltes Amateurvideo zeigte, wie der Verkehrssünder Rodney King brutal von vier

Polizisten zusammengeschlagen wurde. Die dargestellte reelle Gewalt übertraf die inszenierte der (zensierten) N.W.A.-Videoclips bei weitem. Diese Verschärfung der sozialen Lage zwang die Band dazu, auch in ihren Texten drastischer zu werden. Auf ihrem zweiten Album *Efil4zaggin* (rückwärts gelesen: »Niggaz for Life«) boten sie noch kontroverseres Material an, »was ihnen mit davoneilenden Verkaufszahlen gedankt wurde und in England zur Beschlagnahmung der gesamten Auflage führte.«[100]

Andere Rapper waren und sind tatsächlich in Gefängnissen eingesperrt, und die Morde an Rappern, von denen die an Tupac Shakur und Biggie Smalls die prominentesten Beispiele sind, werfen einen dunklen Schatten auf das Business. Im Gegensatz zu Ice Cube ist die Erzählung von der Straße für viele aus dem Ghetto stammenden Rapper allerdings nicht nur eine Geschichte, die so oder anders erzählt werden könnte, sondern erlebte Realität und Anspruch, eben diese Realität öffentlich zu machen. Der Bericht über das Ghetto ist für sie Mittel des Protests und Einspruchs, Repräsentation, Erzählung und oft der einzige Weg aus der Misere. »Das Ghetto«, so Günther Jacob, »ist unter das Marktgesetz gefallen. Das gilt auch für die Marginalisierten, denn das Ghetto ist ihre einzige Handelsware. So können alle zufrieden sein.«[101] Die Erzählung von Gewalt funktioniert hier sowohl als Schilderung gesellschaftlicher Wirklichkeit, aber auch als, teils affirmative, Selbstzuschreibung. Sie steht im Kontext oraler Kultur und dem ihr immanenten kämpferischen Ton. Die Erzählperspektive des Gangsta-Rappers ist die der ersten Person.

Ich bin in meinen Ausführungen zum Gangsta-Rap am Beispiel von N.W.A. geblieben, weil sie wie keine andere Band die öffentliche Meinung polarisiert haben. Zu anderen Gruppen und MCs, die auf der »musikalischen Verbrechenswelle« reiten, zählen Too Short, Mob Style, Comptons Most Wanted, Kool G Rap and DJ Polo, King Tee, Poison Clan, Above The Law und der aus Samoa stammende Boo-Yah T.R.I.B.E. (»boo-yah« ist die lautmalerische Nachahmung des Pistolenschusses).[102]

Ein weiterer Vertreter des Genres, der Beachtung verdient, ist Ice-T. Sein Name ist dem populären afroamerikanischen Autor Iceberg Slim entliehen, der in autobiografisch gefärbten Romanen das Leben des Drogendealers und Zuhälters in den Sechzigern beschrieb. Weitere Inspirationsquelle für Ice-Ts Image sind die Blaxploitation-Filme der Siebziger. Das schwarze Kino erlebte zu jener Zeit eine Hochphase. Schwarze Schauspieler mussten nicht mehr nur Hausmädchen, Sklaven oder den liebenswerten Trottel geben, sondern traten zum ersten Mal als Helden auf. In Filmen wie *Superfly* und *Shaft* wurde ein schwarzer Machismo zelebriert, der das (schwarze) Publikum in Scharen in die Kinos lockte. Wie auch im Falle P.E.s ist die Wahl des Namens also im Kontext afroamerikanischer Kultur zu interpretieren.

ICE-T: POWER, 1988

 Ice-T ist ein Trickster. Er verbindet all diese Elemente als Konzept der Selbststilisierung und erzählt von den Straßen L.A.s. Aber er ist nicht einfach Gangsta, sondern derjenige, welcher laut eigener Aussage die Waffen gewechselt hat: die Pistole gegen das Mikrofon. Der Künstler ist sich seiner Lage bewusst: Er lebt nicht mehr in den Gangstrukturen, sondern in den Villenorten L.A.s, aber er fühlt sich seiner Herkunft verpflichtet und wählt den Gangbanger als literarische Figur, um seinen Standpunkt zu verdeutlichen. Ice-T versucht Wege aus der Gewalt zu zeigen und inszeniert sich dabei als der wütende Gerechte, der seine Wurzeln kennt. Diese Disposition ist sowohl als künstlerisches Mittel der Selbststilisierung als auch als selbstgewählter pädagogischer Auftrag gegenüber seinem Publikum interpretierbar.

 Man darf nicht vergessen, dass der Gangsta-Rap während der Reagan-Bush-Ära entstand, einer Zeit, in der die Armut nicht gekannte Ausmaße annahm und eine repressive Drogenpolitik dazu führte, dass die relativ harmlose Droge Marihuana zu Preisen gehandelt wurde, die für Ghettokids unerschwinglich waren. In der Konsequenz wurde hiermit der Markt für das günstige, extrem suchtfördernde Kokainderivat Crack geöffnet, das seitdem die letzte funktionierende soziale Institution des Ghettos, die matrifokale Familie zerstörte, da Crack aus unerforschten Gründen statistisch häufiger von Frauen konsumiert wird.

 In seinem Song *Colors*, der den Titeltrack für den gleichnamigen von Dennis Hopper produzierten Film gab, berichtet Ice-T – selber ehemaliges

Bandenmitglied – vom Leben eines Gangmembers. Die Mitglieder der Gangs in L.A., so muss als Hintergrund erläutert werden, demonstrieren ihre Zugehörigkeit zur jeweiligen Gruppe durch das Tragen bestimmter Farben. So tragen die mächtigen Bloods rote Banderolen, während man ihre Rivalen, die Crips, am blauen Outfit erkennt.

>Tell me, what have you left me? What have I got?
Last night in cold blood my young brother got shot.
My homeboy got jacked, my mother's on crack,
My sister can't work 'cause her arms show tracks.
Colors,
The gangs of L.A. would never die,
Just multiply colors. Colors

I like it violent, my violent life.
Peace is a dream, reality is a night.
My color's my honor, my color's my arm,
With my colors upon me one soldier stands tall.
My pants are saggin', breaded hair,
Suckers dead, but I don't care.
My game ain't knowledge, my game is fear!
I've no remorse, so squares beware.
But my true mission is just revenge,
You ain't my set, you ain't my friend.
Wear the wrong color,
Your life could end.
Homicide, my favorite bench. Colors

So I just walk like a giant,
Police defiant.
You'll say stop
But I say that I can't.
My gang's my family, it's all that I have.
I'm a star, on the wall's my autograph!

[…] My color's death, though we all want peace
But our war won't end
Till all war cease.
Colors.«[103]

Nachdem Ice-T die Ausgangslage seines Helden beschrieben hat – der Freund ermordet, die Mutter auf Crack, die Schwester aufgrund ihres vom Drogenkonsum gezeichneten Körpers arbeitsunfähig – beschreibt er seine konkrete Situation: Von Gewalt und Zerfall umgeben, der Frieden nur ein Traum, bleibt die Ehre und Würde eines Mannes nur in der Gangstruktur aufrechtzuerhalten. Aber für die Würde, die der Held zum Leben braucht, muss er einen hohen Preis zahlen – er muss sein Herz gegen jedes Mitgefühl und jeglichen Schmerz schützen: »Sucker's dead but I don't care / […] You ain't my set, You ain't my friend / Wear the wrong color / Your life could end«. Der Held ist in einer verhängnisvollen Lage, aus der er sich nicht selbst befreien kann. Nur die radikale Veränderung der äußeren Umstände könnten Linderung versprechen: »You'll say stop / But I say that I can't / […] But our war won't end / Till all war cease«. Der Gangbanger ist also nach diesen Worten aufgrund der vorgefundenen sozialen Situation gezwungen, einen Krieg gegen die gesamte Gesellschaft zu führen: Solange die Gesellschaft als Ganze nicht befriedet ist, wird auch der Krieg des Ghettos andauern. Die Verknüpfung des eigenen Schicksals mit dem Rest der Gesellschaft ist eine politische Strategie. Sie weigert sich, das Unglück einzelner losgelöst vom sozialen Kontext zu betrachten.

Ein letztes interessantes Beispiel des Gangsta-Genres bildet der Boo Yaa T.R.I.B.E. aus L.A. Die Gruppe verkörpert das Image des Gangstas so glaubwürdig wie kaum eine andere. Es gelingt ihnen, das Bedürfnis der Rezipienten nach Gangsta-Authentizität, die man von Schauspielern nicht verlangt, zu befriedigen. Der Boo Yaa Tribe sind die von der Pazifikinsel Samoa stammenden Brüder Godfather Rock TE, Full Metal Jacket, Don L, E.K.A. »The Attitude«, O. Mobsta Bass und Lyrical Criminal (auch unter Gangsta R?dd oder Ganxta Ridd bekannt). Der Legende nach wurde Godfather Rock T.E. nach dem Tod des Vaters zum Familienoberhaupt und musste für seine Geschwister sorgen. Die landeten zum Teil in Besserungsanstalten (Gangsta R?dd) oder saßen im Gefängnis (Full Metal Jacket: 15 Jahre wegen Mordverdachtes). Die

Familie lebt und arbeitet zusammen. Ihre Debut-LP *New Funky Nation* verkaufte sich 1990 blendend. Sie benutzten Live-Instrumente, was von vielen damals als die Zukunft des HipHop angesehen wurde und eine Neuerung darstellte. Ihre Texte berichten aus ihrem Gangsterleben. Die Titel ihrer Stücke lauten unter anderem *Once Upon a Drive-By* und *Riot Pump*. Einem anderen Song ist folgendes Statement zu Drogen entnommen: »Drogen zu verkaufen ist eine Frage des Überlebens / Drogen zu nehmen eine Frage des Sterbens«.[104]

Consciousness

Wie der Name bereits andeutet, geht es den Künstlern des Consciousness-Rap um Bewusstsein, beziehungsweise darum, etwas bewusst zu machen. Die Gruppe der Consciousness-Rapper kann selbst noch einmal grob in zwei unterschiedliche, jedoch nicht grundsätzlich entgegengesetzte Lager geteilt werden: Auf der einen Seite gibt es die spirituell angehauchte Native-Tongues-Family, ein loser Verbund verschiedener Gruppen wie A Tribe Called Quest, Jungle Brothers und De La Soul. Auf der anderen Seite stehen stark politisch geprägte Gruppen, allen voran die Initiatoren des afrozentristischen Revivals Ende der Achtziger, Public Enemy. Andere Vertreter, die hier Erwähnung finden werden, sind der bereits an anderer Stelle zitierte Teacher des HipHop, KRS One und Paris.

Die Native-Tongues-Family

Kosmos und Selbstverständnis der unterschiedlichen, in der Native-Tongues-Family zusammengeschlossenen New Yorker Musiker sind friedfertiger als im Gangsta-Rap. Ihre Botschaft baut auf Vernunft und ist den positiven Dingen zugewandt.

Eine zentrale Figur dieser Szene ist Queen Latifah. Sie propagiert, dass Frauen besser ihren Kopf als ihren Körper benutzen sollten und verkündet stolz, eine schwarze Frau zu sein. Ihr Name rührt aus der Überzeugung, dass »alle Afroamerikaner von afrikanischen Königinnen und Königen abstammen. Sie wissen es nur nicht, da sie in der Schule nur die Geschichte der Weißen lernen.«[105] Diese mythische Verklärung der eigenen dunklen, unbekannten Vergangenheit mag faktisch nicht stimmen – schwer vorstellbar, dass Millionen

Afroamerikaner von Königen abstammen sollen – und daher vielleicht etwas albern anmuten, dient aber der Vergewisserung, von edler Herkunft zu sein. Es ist die Umschreibung empirisch-historischer Gegebenheiten und ihre Überführung in den Bereich der Mythologie. Dies ist vor dem Hintergrund zu betrachten, dass die Afroamerikaner die einzige ethnische Gruppe der USA bilden, die nicht um ihre Herkunft weiß. Die Herkunftsorte sind aber in einem ethnisch geordneten Raum wie den USA (Italian-American, WASP, etc.), ein identitätsstiftender wie -vergewissernder Aspekt. Fällt der Herkunftsort weg, so könnte hypothetisch formuliert werden, fehlt es auch an einer primären Identitätsdeterminante. Diese Hypothese findet Beleg in der (im theoretischen Teil dargelegten) Funktion, die der gemeinsamen Vergangenheit für die Konstruktion eines sozialen Kollektivs zukommt. Queen Latifahs Äußerung muss also als stolze Aneignung verstanden werden, als Möglichkeit, den geraubten Wert der Herrkunft wiederherzustellen. Aus diesem Stolz rühren die mahnenden Worte, die sie ihren Brüdern und Schwestern zukommen lässt:

>»Situations, reality, what a concept
>Nothin' ever seems to stay in step
>So today here is a message for my sisters and brothers
>Here are some things that I want to cover
>A woman strives for a better life
>But who the hell cares
>Because she's livin' on welfare
>The government can't come up with a decent housin' plan
>So she's in no man's land
>It's a sucker who tells you you're equal
>(You don't need 'em Johannesburg cries for freedom)
>We the people hold these truths to be self evident
>(But there's no response from the president)
>Someone's livin' the good life tax-free
>'Cause some poor girl can't find
>A way to be crack-free
>And that's just a part of the message
>I thought I had to send you
>About the Evil That Men Do«[106]

Wenn Queen Latifah in dieser Strophe jemanden, der »tax-free« lebt, mit dem »poor girl [that] can't find a way to be crack-free« verknüpft, liegt dem ein Gesellschaftsbild zugrunde, in dem Reichtum – insbesondere moralisch nicht einwandfrei erworbener, da »tax-free« eine Unrechtmäßigkeit suggeriert[107] – und das Elend der Armut direkt miteinander verknüpft sind. Diese Strophe ist klassenbewusst. Sie basiert auf einem Gesellschaftsbild, in dem jeder als Konkurrenzsubjekt für sich steht, das Individuum also isoliert ist – der Reiche ebenso wie das arme Mädchen. Queen Latifah setzt dem einen emanzipatorischen Volksbegriff entgegen, wendet sich gegen die moralische Verkommenheit des Systems: »We the people hold these truths to be self-evident / (But there's no response from the president)«.

Eine Gruppe, die große Stücke auf Queen Latifah hält und des Öfteren mit ihr zusammenarbeitete, ist De La Soul. Die Bandmitglieder nennen sie respektvoll Mama (Dufresne; S. 153). Ein sehr bezeichnender Name, da die Frau im HipHop meist nur in den Figuren der »Bitch« (verachtungswürdig), der »Black queen« oder der Mutter (ehrbar, edel) auftaucht. Dies ist ein wesentlicher Grund dafür, dass dem HipHop so oft Sexismus vorgeworfen wird. Bei diesem Vorwurf wird aber meist auf die »Bitch« rekurriert. Dass die Verachtung der Frau als »Bitch« und ihre Erhöhung in der Fixierung auf die Mutterrolle eng miteinander verknüpft sind, wird oft übersehen. Man kann den Protagonisten jedoch nicht vorwerfen, auf diesem Feld eine Vorreiterposition einzunehmen. Vielmehr ist es so, dass sich im HipHop als einem Diskursstrang des Mainstreamdiskurses die dort existierenden Klischees bestätigen und reproduzieren. Auch hier spiegelt sich dialektisch das Große im Kleinen – ein Umstand, der solches Verhalten natürlich nicht entschuldigt. Die De-La-Soul-Anrede für Queen Latifah ist diesbezüglich als liebevolle Respektbezeugung jenseits der im HipHop oft vorhandenen Klischees zu verstehen.

1988 erschien die Debut-LP von De La Soul auf dem Label *Tommy Boy* und setzte »neue Trends in allen Aspekten von Rap: Gesangssound, Themen, Art der Sampels, Beats, Kleidung, Haare und Philosophie. […] De La Soul tragen weite Kleider aus schwarzen und blumengemusterten Stoffen, ihre Frisuren sind radikal zerklüftet und ein Peace-Zeichen ist eingeschnitten in das dichte Gestrüpp über Posdnous Ohren. ›Wir bringen das Zeitalter des Gänseblümchens, das Daisy Age‹, sagt Pos: ›Daisy liest man so: Da steht für The, I steht für Inner, S steht für Sound und Y ist Y'all: The inner Sound y'all. Euer aller innerer Klang. Alles kommt aus unserem Inneren. Es ist endlich an der Zeit, die Fassaden einzureißen und aufzuhören, jemand anders sein zu wollen. Mach das, was aus dir selbst kommt.«"[108]

Alleine das äußere Erscheinungsbild ist bereits eine Neuerung und damit auch Neudefinition der Inhalte, welche im HipHop besonders stark auf symbolischer Ebene, also durch Kleidung, Frisuren und Grafik (etwa der Plattencover) transportiert werden.

Nach Jahren der dicken Goldketten, teuren Kleider und einer »Make money, money!«-Botschaft, kommt diese Form der Innovation bescheiden und bodenständig daher. Der luxusverliebte Hedonismus der ersten kommerziellen HipHop-Jahre ist hier einer persönlicheren, leiseren Konzeption gewichen, die einen stärkeren Impetus auf innere Werte legt. Die Goldketten werden gegen Afrikaamulette, afrikanische Perlen, Haarbänder und Stoffe getauscht. Die Texte drehen sich nicht mehr ausschließlich um das Genie und die Manneskraft des Protagonisten. Es kommt zu einem großen Revival des Afrozentrismus.

Die souligen Brüder und Schwestern der Native-Tongues-Family werden auf der politischen Seite von Gruppen wie Public Enemy, dem X-Clan oder dem schwarzen Nationalisten Paris, der sich als die Wiedergeburt der Black Panther Party stilisiert, flankiert. Es handelt sich um Bands, die nicht alle in gegenseitigem Austausch stehen. Das zeitliche Zusammentreffen ihrer Karrieren und der Umstand ihrer ähnlich ausgerichteten Inhalte spricht allerdings für ein Bedürfnis nach politischen, an die Gesellschaft adressierten, aber auch nach metaphysischen, der Seele zugewandten Konzepten. Interessanterweise treffen Gruppen mit einem politischen Impetus, also einem der explizit der Gesellschaft zugewandten Anliegen, und solche, die sich mit einem metaphysischen Inhalt befassten, zeitlich zusammen.

De La Souls Sample-Material ist weitläufig und liebevoll zusammengestellt. Es setzt sich unter anderem aus den Detroit Emeralds, Sly Stone, dem Country-Musiker Johnny Cash (!), Cymande, Otis Redding und Easy Listening-Orgeln, Sixties-Soul, Doo Wop, Reggae und frühem Rap zusammen und deckt somit ein inhaltlich wie historisch breites Spektrum der Popmusik ab. Dieser Aspekt ist von Bedeutung, da er die Kombination unterschiedlicher, konkurrierender kultureller Identitätsentwürfe, für die das Material steht, spiegelt. Diese Symbiose ist inhaltliches Statement, welches kategorische Trennungen – wie die Trennung schwarzer und weißer Musik – ignoriert.

Ähnlich ruhige Töne schlagen auch A Tribe Called Quest, eine Gruppe aus Queens, an. Sie begannen ihre Karriere, nachdem sie die einflussreichen Jungle Brothers an der Universität kennen gelernt hatten. Ihr Ansatz ist so bescheiden wie ihr ganzes Auftreten: »Wir sagen nichts in der Richtung ›Nehmt keine Drogen‹. Wir sprechen über die Dinge, die wir sehen, wir insistieren nicht, wir machen es, das ist alles. Wir versuchen die meiste Zeit, die Leute zufriedener mit dem zu machen, was sie sind. Ihr fehlendes Selbstvertrauen ist wirklich ein soziales Problem. Und viele Dinge machen dich unsicher, zum Beispiel ein Taxi zu erwischen. [...] Wir wollen Euch zufrieden machen, Ihr sollt einen schönen Augenblick erleben, vielleicht lächeln, sogar lachen.«[109]

Man sollte diese Zeilen Ali Shaheeds nicht als Bekenntnis zum apolitischen Eskapismus interpretieren. Wenn er von »fehlendem Selbstvertrauen« als »sozialem Problem« spricht, ist dies nicht als zynischer Kommentar zu verstehen, der die Schuld an der sozialen Misere dem mangelnden Selbstbewusstsein der sozial Unterprivilegierten zuschiebt. Es ist vielmehr ein Angebot an all jene, deren mangelndes Selbstbewusstsein aus alltäglichen Demütigungen – wie die der Schwierigkeit, als Schwarzer ein Taxi zu bekommen[110] – herrührt, durch die Musik »einen schönen Augenblick zu erleben, vielleicht zu lächeln, sogar zu lachen« und hierdurch die Menschlichkeit und Würde wiederherzustellen. Die Musik wird so zu einem spirituellen Ort der Erbauung.

»Judged by both my race and color
Don't you know we need each other
I need you and you need me
And if not now you soon will see
My light complexion has no meaning
If you think so, your still dreaming
Wake up, wake up, wake up, wake up
There's no time for us to break up
Black is black not blue or purple
Being black is like a circle
Round and round we all will go
Where we end up I don't know
Listen to me if you will
Your fantasies will get you killed

Reality is what is real
Reality is black is black
I tried and tried to tell my people
We all are one, created equal
Before we master, we must plan
Is that so hard to understand?
Today's the day we get together
To try to change to make things better
If not, where will be tomorrow?
Drownin' in the pool of sorrow
Daylight shines but still few see
That we must fight for unity
And the picture that's fixed is black and white
Why's it both to have to fight
Uplift the race, uplift the race
See my soul and not my face
All for one and one for all
Black is black – that's right y'all«[111]

Das Grundübel des Rassismus liegt in der Tatsache begründet, dass jemand nach einer bloßen Äußerlichkeit, der Hautfarbe, beurteilt wird. Dieser kategorisierenden Weltsicht wird eine neue, alte Innerlichkeit entgegengesetzt: die Seele. »Uplift the race, uplift the race / See my soul and not my face«. Der Besitz der Seele verbindet die Menschheit ohne Ansehen ihrer Äußerlichkeit. Solange das Individuum nach seiner Hautfarbe beurteilt wird, dreht es sich in konzentrischen Kreisen, aus denen es keinen Ausbruch gibt (»Being black is like a circle / Round and round we all will go / Where we end up I don't know«). Diese Konzeption tritt hinter alltägliche politische Strategien und versucht, die Wurzeln des Rassismus außerhalb des Alltags zu beschreiben. Sie schreibt den Rassismus einem System zu, das Äußerlichkeiten herstellt, organisiert und kategorisiert. Die von den Jungle Brothers gewählten Strategien, den Rassismus zu demontieren, argumentieren nicht soziologisch, sondern von einer spirituellen Seite her – sie verkünden, dass die Menschheit aus einem Geist ist.

Diese Grundlage findet sich auch bei Public Enemy. Auf ihr Album *Fear of a Black Planet* angesprochen, führt Chuck D, der Chefdenker der Gruppe, aus:

»Dieses Album soll die eurozentrische Sichtweise als das zeigen, was sie ist. In einer rassistischen Gesellschaft gilt das Produkt einer ›Mischehe‹ als schwarz, vor allem in diesem Land. Darüber gibt es sogar ein Gesetz. Also muss dein einziges Ziel als Angehöriger der weißen Mehrheit sein, weiße Kinder hervorzubringen. Das ist das Schema. Aber dieser Gedanke ist nicht human, sondern rassistisch. Wenn sich die Welt wirklich anders gestalten würde, im *Geist der Liebe und des Friedens*, könnte man diese rassistische Macht nicht länger aufrechterhalten. ›Fear of a Black Planet‹ spricht von der Angst, dass ein dunkelhäutiger Mensch ansteckend sein könnte.«[112]

Chuck D setzt nicht nur auf klassisch politische Strategien gegen jenes System, das Politik als Mittel zur Trennung der Menschheit etabliert hat, sondern ebenso auf den metaphysischen »Geist der Liebe und des Friedens«. Gegen die kapitalistische Gesellschaft, die wissenschaftlich kategorisiert, ordnet und verwaltet, wird nicht mit ihren eigenen Mitteln vorgegangen, sondern mit Konzepten, die uns aus der Vormoderne bekannt sind.

Weitere »Bewusste«

Ein weiterer New Yorker Rapper mit metaphysischem Einschlag ist der hier bereits mehrfach erwähnte KRS One (Knowledge Reigns Supreme Over Nearly Everyone). Es gelingt ihm, kommerzielle Musik mit einer Aussage zu verbinden, die sich gegen die Ideologie materieller Werte richtet, ohne damit in allzu große Widersprüche zu geraten. Seine Musik reflektiert das wiedererwachte Interesse an politischer Aktion, den afrikanischen Wurzeln, einer Wiedergeburt des schwarzen Nationalismus und afroamerikanischer Kultur. »Rap ist das letzte Sprachrohr der Schwarzen« heißt es in einer seiner zahlreichen an Colleges gehaltenen Vorlesungen. Allerdings ist er in Bezug auf die Wirkkraft dieses Sprachrohrs selbst skeptisch: »In Kalifornien gibt es Gangs, die aus dem fahrenden Auto schießen, während diese Platte läuft«, räumt er ein und spekuliert über den Anteil, der von seiner Botschaft beim Rezipienten überhaupt ankommt: »Vielleicht zehn oder zwanzig Prozent. Zwanzig Prozent ist schon viel. Wäre schön, wenn es eine höhere Zahl wäre, aber das ist kein Lebensziel von mir. Man will immer, dass alle das Richtige tun, aber in der Welt, in der wir leben, ist es nun mal nicht so.«[113] Und trotzdem sieht er sich gezwungen, weiterhin »das Richtige« zu tun.

KRS One hat eine interessante Biografie. Mit dreizehn verließ er das mütterliche Heim, vom Elternhaus desillusioniert, weil es ihm keine Zukunftsperspektive bieten konnte. »Das schaffte einen unerträglichen Druck zu Hause.« Fortan lebte er zwischen Straße, Parks und Obdachlosenasyl. Er hielt sich in Bibliotheken auf und studierte autodidaktisch Geschichte, Philosophie, Theologie und Metaphysik. Auch aus persönlichen Kontakten verstand er viel zu schöpfen.

BOOGIE DOWN PRODUTCIONS: BY ALL MEANS NECESSARY, 1988

»Die meisten Sachen, die ich gelernt habe und in meinen Liedern besinge, habe ich in Gesprächen mit Erwachsenen oder durch eigene Erfahrung gelernt. Ich bat die Leute um eine Unterkunft und ging mit viel mehr wieder weg.«[114]

1984 lernte er in einem Obdachlosenasyl den Produzenten und Sozialarbeiter Scott La Rock kennen und formierte mit ihm die Gruppe Boogie Down Productions. Das Kapital, das KRS One also zu Beginn seiner Karriere besaß, war kultureller wie sozialer Art. Wie sich noch zeigen wird, versteht er insbesondere sein soziales Kapital immer wieder zu nutzen, nicht nur, um es in ökonomisches zu transferieren, sondern um politisch wie sozial Prozesse in Gang zu setzen.

Für KRS One ist Rap die Musik der Unterdrückten in den Neunzigern, wie es zuvor schon Gospel, Jazz, Blues und R&B waren. All diese rebellischen Stile waren afroamerikanischen Ursprungs, nur der Punk bildet für ihn eine Ausnahme. Für KRS One ist es äußerst wichtig, dass »der Rap Hardcore bleibt«.[115] »Jedes Mal, wenn er zu weich wird, ist es nicht mehr dieselbe Musik. Das muss Hardcore bleiben. Nicht unbedingt harte Rhythmen, aber die Texte müssen hart sein, sie müssen auf harte Musik gesprochen werden, das bringt den Rap voran.«[116]

»Hardcore zu sein« ist aber auch in Anbetracht des anvisierten Publikums von Bedeutung. Boogie Down Productions hatten nicht das Massenpublikum wie etwa Run DMC im Auge, sondern die B-Boys. Auf dem Cover ihrer Platte *By all Means Necessary* posiert KRS One mit einer Uzi in der Hand und blickt durch einen zur Seite gehaltenen Vorhang. Der Titel geht auf ein Zitat von

Malcolm X zurück, die Pose ebenso – sie ist die Nachstellung eines berühmten Malcolm-X-Fotos. Der Künstler codiert die Aussage, indem er auf Symbole des schwarzen Widerstandes zurückgreift. Die Bedeutung dieses Photos erklärt KRS One so: »Im Kampf um den Frieden muss man dieses Vorurteil aufgeben, er sei wie eine Blume. Das ist nur ein abgelutschtes Bild und nicht das, was wir bezwecken. Wir kämpfen für politisches Bewusstsein und für den Weltfrieden, und dafür müssen wir stärker sein als der Krieg. Der Frieden muss stärker sein als der Krieg, um ihn zu besiegen. Anders ausgedrückt, wenn der Krieg ein Kaliber 22 hat, braucht der Frieden eine Magnum. Wenn der Krieg eine Magnum hat, braucht der Frieden eine Uzi. Der Frieden muss den Krieg immer übertreffen, um seinem Namen gerecht zu werden. Es ist dämlich, gegen den Krieg zu sein und sich mit einer Blume bewaffnet inmitten von Atomwaffen aufzuhalten.«

Das Konzept Hardcore ist eine szeneinterne Strategie der ideologischen Schließung. Durch Radikalisierung der Inhalte und der Sprache wird der Verbund der Aktivisten – der durch die Kommerzialisierung und Ausweitung der Kultur auf weitere Teile der Gesellschaft als der ursprünglichen Gemeinde gelockert wurde – wieder gefestigt. »Hardcore« zu sein bedeutet eine Hingabe an die wahren und ursprünglichen Ziele der Bewegung. Die echten HipHopper sind Hardcore, sind HipHop, während das verbleibende Publikum lediglich HipHop hört oder konsumiert, ohne das latent »Heilige«, die Quelle der Identität, sehen zu können. Die »Aufgabe der Überzeugung und Begründung [KRS One ist der selbsternannte ›Teacher‹ des HipHop] gelingt leichter, wenn die offensichtliche Vielfalt und die unleugbaren Grenzüberschreitungen als *oberflächlich,* die verborgene Identität des Kollektivs hingegen als *wesentlich* dargestellt werden können, wenn die Verwirrung des Augenscheins der Gewissheit tieferliegender Erkenntnis entgegengestellt werden kann, wenn die Ordnung des Eigentlichen und Wesentlichen anderen Prinzipien folgt als der schnelle Wandel der Erscheinungen.«[117] Der schnelle Wandel sind die sich alle Jahre ändernden Stile und Moden, die tieferliegende Erkenntnis dagegen ist die Substanz der HipHop-Kultur: der Hardcore.

Das erste Album von Boogie Down Productions, *Criminal Minded*, erschien 1986 und verkaufte 200.000 Exemplare, was im Vergleich zu Run DMC und den Beastie Boys verschwindend gering war, in Anbetracht ihrer minimalistischen Musik und der anspruchsvollen Texte aber durchaus beachtlich. Die Bedeutung des Albumtitels erklärt KRS One folgendermaßen: »Wir haben es so genannt, weil es eine neue Denkart zeigt. Es ist schlimm, kriminellen Aktivitäten nachzugehen, jemanden zu töten oder zu bestehlen, aber man muss das mit dem Geist eines Kriminellen sehen (criminal minded). Amerika wurde von Kriminellen gegründet, von Kriminellen aufgebaut und seine Geschichte ist voller Kriminalität. Manche Leute nennen so etwas ›ein Land, das sich entwickelt‹. Die Regierung, der Kongress etc. besitzen diesen kriminellen Geist. Sie kontrollieren die Medien, aber wir können außer unserer Arbeit gar nichts kontrollieren. Das ist Kriminalität. Eine Regierung wird vom Volk gewählt und ist für das Volk da, aber heute, 1988, haben wir ein Stadium erreicht, in dem die Regierung macht, was sie will, und die Bevölkerung hat die Konsequenzen zu tragen. Wenn sich das Volk dagegen verbünden würde, würde sich die Situation im Land dramatisch verändern. Wenn man aber so denkt, ist das auch schon kriminell. Das ist hier in Amerika einfach nur Verrat.«

KRS One spricht hier als Künstler – der Begriff »kriminell« darf nicht im juristischen Sinne verstanden werden. Er wird von ihm metaphorisch, in einem moralischen Sinne verwendet, um ein bestimmtes soziales wie politisches Handeln als verbrecherisch zu kennzeichen.[118] Wenn KRS One postuliert, dass »Amerika von Kriminellen gegründet« und »aufgebaut« wurde und seine »Geschichte voller Kriminalität ist«, so spielt er damit natürlich auf die Vertreibung der indigenen Bevölkerung, aber auch auf die Sklaverei an. »Wenn sich das Volk dagegen verbünden würde, würde sich die Situation im Land dramatisch verändern.« Dieser Satz ist klassisch revolutionär. Er postuliert, dass sich die vereinte Volksmacht gegen die Herrschaft des Unrechts auflehnen solle, um das moralische Recht (wieder-)herzustellen. Darin äußert sich außerdem eine apokalyptische Weltsicht, die für die Verteter des bewussten Raps typisch ist.

Der Consciousness-Rap ist also sowohl politisch wie auch spirituell inspiriert. Seinen Hang zum Apokalyptischen – also der Zerstörung des Seienden, um neu aufzubauen – kann an zahlreichen Beispielen belegt werden. Dieses Phänomen verstärkte sich Ende der Neunziger noch einmal durch den Millenium-Effekt als Mode ins Unermessliche. Das Idiom »Millennium« ist omnipräsent, oft als Worthülse, teilweise sinngefüllt. So lautet zum Beispiel der Titel von Busta Rhymes 1998 erschienenem Album *Extinction Level Event;* im Intro schildert er wortreich die bevorstehende Apokalypse.

An spirituelle und apokalyptische Ausprägungen des HipHop müssen jedoch auch kritische Fragen gestellt werden, zum Beispiel danach, inwieweit die apokalyptische Weltsicht einem Fatalismus unterliegt, bei dem der Wunsch nach sozialer Veränderung mit Blick auf den »Untergang« notgedrungen zur bloßen Farce wird. In vielen Fällen ist die Apokalypse jedoch nur eine Metapher für das zunehmende soziale Gefälle, wird also nicht wörtlich gemeint und schließt damit auch nicht aus, sich aktiv für die Veränderung gesellschaftlicher Verhältnisse einzusetzen. Auch esoterische, afro- und ethnozentrische Tendenzen sind oft problematisch, wenn sie auf Diskurse rekurrieren, die einem offenen Miteinander und einer Überwindung rassistischer Stereotypen im Wege stehen und letztere nur von einer anderen Seite her wiederum festigen. Dieser Problematik könnte ein eigenes, ausführliches Kapitel gewidmet werden. Der Fall KRS One soll dagegen belegen, dass es möglich ist, afro-esoterische Elemente in die Musik einfließen zu lassen, ohne dass damit soziales Engagement und der Versuch, eine Brücke zwischen den Menschen verschiedenster Herkunft zu bauen, verhindert werden muss. Im Gegenteil: Bei KRS One bedingt das Eine das Andere. Dies findet sich in seiner 2002 veröffentlichten CD *Spiritual Minded* bestätigt, die stark spirituell geprägt ist und sich an den Gospel anlehnt.

KRS One fühlt sich als Teacher ebenso wie Chuck D dazu berufen, sein Wissen weiterzugeben (Chuck D: »Wir geben Informationen weiter.«). Chuck D hat HipHop diesbezüglich einmal als »Black CNN« beschrieben. Die Themenpalette, die KRS One als »Lehrer« benutzt, reicht von Warnungen vor Drogen über den Aufruf, Bücher zu lesen bis hin zu hygienisch engagierten Texten, die Hörerin und Hörer vor AIDS warnen:

> »Here we go
> Here is a message
> To the super hos
> Just keep in mind
> When Jimmy grows
> It grows and grows and grows
> So let it
> But keep in mind about the epedemic
> When Jimmy releases
> Boy, it pleases

But what do you do about all these diseases
Jimmy is Jimmy
No matter what
So take care of Jimmy
'Cause you know what's up
'Cause now in winter[119]
AIDS attacks
So run and get your Jimmy hats«[120]

Solcherlei Aufklärungslyrik mag komisch und wenig kunstvoll anmuten. Wir müssen sie allerdings an ihrem eigenen Anspruch messen. Das Publikum, dem sich KRS One verpflichtet fühlt, sind die Armen und Vergessenen. Die Ghettobevölkerung, ohne Bildung, Arbeit, Wohlstand und Perspektive, ist aufgrund mangelnder hygienischer Einrichtungen erfahrungsgemäß viel anfälliger für Krankheiten und Seuchen. Die Lebenserwartung liegt sehr viel niedriger als etwa bei Mittelklassebürgern. Der Tod ist aufgrund der mangelnden Hygiene, der Drogen und Verbrechen präsenter als in anderen sozialen Milieus. Unter diesen Vorzeichen wird verständlich, warum KRS One trotz oft einfacher Texte hohes Ansehen unter den Rappern genießt.

HipHop ist eine kulturelle wie auch soziale Bewegung und KRS One einer ihrer engagiertesten Mitstreiter. Für dieses Engagement genießt er Respekt in der Gemeinschaft – und Respekt ist zentral im HipHop. Auch das mag dem gebildeten Mitteleuropäer archaisch anmuten, ist aber im Kontext der Oralität und seines kämpferischen Grundtons, seiner einfachen Gut/Böse-, Held/Schurke-Differenzierungen durchaus funktional. (Die zentrale Funktion von Respekt im HipHop hängt eng mit der von Ong beschriebenen Funktion der Lobrede in oralen Kulturen zusammen.) Angehörige eines Kollektivs teilen eine soziokulturelle Herkunft und bestimmte Traditionen. KRS One empfindet die gemeinsame Herkunft als Verpflichtung, auf gewisse destruktive Handlungs- und Lebensweisen diskursiv Einfluss zu nehmen, da er die Möglichkeit hierzu besitzt. Hier findet sich ein weiteres Mal der bereits erwähnte positiv existentialistische Freiheitsbegriff.

In einem Leitartikel der *New York Times* erklärt KRS One: »Der afroamerikanischen Jugend fehlt es an Selbstbewusstsein, an kreativen Möglichkeiten und an Perspektiven – daran sind die Schwächen des Schulsystems schuld. [...]

Außerhalb der Schule sind sie den Budgetkürzungen für Jugendprogramme ausgesetzt, die sie jedoch sehr gut gebrauchen könnten. Der Bus von Read Is Fundamental (Lesen ist sehr wichtig) kommt in keine Armenviertel mehr; er ist abgelöst vom Eiswagen, und sicher wird bald die Salatbar folgen. [...] Sie sollten eins wissen: Wenn Sie einem Kind seine Identität nehmen, bleibt nichts mehr übrig. Diese Leere wird von der Umgebung aufgefüllt, und wenn diese feindlich, kalt oder gewalttätig ist, wird das Kind feindlich, kalt oder gewalttätig sein.«[121]

KRS Ones Konzept zur Konstruktion von Identität heißt »Edutainment« – ein Wortspiel aus den Begriffen »Education« und »Entertainment« und eine Anlehnung an das in den Achtzigern aufgekommene Infotainment als Konzept für Fernsehnachrichten – und soll verhindern, dass die Identität der nachwachsenden (Ghetto-)Bevölkerung von Feindlichkeit, Kälte und Gewalt geprägt wird.

Rap und soziales Engagement

1988 gründete KRS One die »Stop The Violence« Bewegung (S.T.V.) als Reaktion auf die Ermordung eines HipHop-Konzertbesuchers, der versucht hatte, die ihm gestohlene Goldkette wiederzubekommen.[122] Zusammen mit den Rappern Chuck D, Kool Moe Dee, Flavor Flav, MC Lyte und einigen anderen veröffentlichte er zu Martin Luther Kings Geburtstag am 16.1.1989 die Platte *Self Destruction*. Die Botschaft des gleichnamigen Songs richtete sich gegen die destruktiven Kräfte im Ghetto. Außerdem sollte das Schulsystem verbessert werden, da Bildung als wohl einziger Ausweg aus dem Ghetto angesehen werden kann. Es wurden Wettbewerbe organisiert, auf denen die Teilnehmer Bücher und Reimlexika gewinnen konnten. 250.000 Dollar Erlös wurden der National Urban League, einer Organisation gegen Analphabetismus und Stadtkriminalität, gespendet. Den Inhalt von *Self Destruction* fassen folgende vier Zeilen von Kool Moe Dee am Besten zusammen:

> »Back in the sixties our brothers & sisters were hanged
> How could you gang bang?
> I never ran from the Ku Klux Klan
> I shouldn't have to run from a black man.«

Ende der Achtziger sind die destruktiven Energien des Ghettolebens bereits breit thematisiert worden. Der Diskurs hierüber wird im Allgemeinen unter dem Begriff des black-on-black-crimes subsumiert (auch Hollywood schloss sich dem Diskurs mit Filmen wie *Colors* [USA, 1988], *Boyz'N the Hood* [USA; 1991] und *Menace II Society* [USA; 1993] an). Dieser Begriff trägt dem Umstand Rechnung, dass sich die durch Armut beförderte Ganggewalt in den häufigsten Fällen gegen »die eigenen Leute«, also die derselben Klasse und Ethnie, richtet. Die Ausmaße der Gewalt unter – vor allem – schwarzen Männern ist dermaßen bedrohlich, dass auch von offizieller, soziologischer Seite her das Wort der »bedrohten Spezies« als Bezeichnung für den Zustand verwendet wurde.

Die Musiker der Westküste starteten 1990 ein ähnlich wie *Self Destruction* inspiriertes Projekt unter dem Namen *We're All in the Same Gang* und veröffentlichten eine Platte gleichen Namens. Hieran beteiligten sich unter anderen N.W.A., Young MC, Digital Underground, Above The Law, MC Hammer und Ice-T – die Prominenz des Westens. Die Ernsthaftigkeit einiger Künstler wurde von Kritikern angezweifelt, da ihr plötzliches pazifistisches Engagement im Gegensatz zu ihren ansonsten gewaltreichen Geschichten stand. Zu ihrer Verteidigung sei eingewandt, dass Gruppen wie N.W.A. es immer ohne weiteres frei einräumten, wenn sie sich wegen des Geldes engagierten. Insofern schien bei vielen Aktivisten eine tatsächliche Betroffenheit (und vielleicht auch hiermit einhergehend Ratlosigkeit) die Ghettogewalt betreffend vorzuherrschen.

Ein weiteres Projekt ist ebenfalls von dem unermüdlichen KRS One 1990 ins Leben gerufen worden: Human Education Against Lies (H.E.A.L. – to heal: englisch für heilen) hat sich zum Ziel gesetzt, »die Lügen des Erziehungssystems zu untersuchen, welche die Geschichte für alle gleich machen. Die afrikanische, die europäische, die orientalische und die indische Geschichte werden einfach gleichgemacht. Wir möchten ganz objektiv unterrichten, Fakten, Zahlen, Daten, Namen aus jedem Land vermitteln, damit jeder für seinen Nachbarn, egal welcher Herkunft, Respekt haben kann.«[123]

Hierbei handelt es sich um ein zutiefst humanistisches Anliegen, über Bildung soziale Harmonie und Respekt gegenüber Anderen zu etablieren. Und wieder richtet sich das Engagement gegen den viel und oft beklagten Eurozentrismus des amerikanischen Bildungssystems. Eine Platte wurde veröffentlicht, an der sich Künstler unterschiedlichster Genres und Personen des öffentlichen Lebens beteiligten: mit dabei waren unter anderem der (weiße) Rocksänger Michael Stipe, der Komiker Eddie Murphy, NOI-Chef Farrakhan, der Jazzmusiker Miles Davis und – wieder einmal – Public Enemy. Von den Erlösen wurden 2 Millionen Bücher und Platten in den Armenvierteln verteilt. KRS One reiste 1990 nach England, um auch hier Aktivisten für das Projekt zu gewinnen.

Darüber hinaus wurden mehrere Projekte gegen die südafrikanische Apartheid von US-amerikanischen und britischen Rappern initiiert. Zu ihnen zählten »HipHop Artists Against Apartheid«, an dem sich unter anderen Afrika Bambaataa, die Jungle Brothers, Queen Latifah, Ultra Magnetic MC's und der X-Clan beteiligten. Sie veröffentlichten die Single *Free South Africa/Ndodemnyama*, deren Erlös dem African National Congress (ANC) zugute kam; weitere Projekte waren das englische B.R.O.T.H.E.R. (Black Rhyme Organisation To Help Equal Rights) und die Platte *A.F.R.I.C.A.* von der New Yorker Band Stetsasonic.

Es lässt sich zwar trefflich über Sinn und Unsinn politischen oder sozialen Engagements von Künstlern streiten, die geschilderten Beispiele belegen aber eines mit Nachdruck: HipHopper haben einen sozialen und politischen Anspruch an ihre Kunst, den sie immer wieder durch advokatorisches Engagement einzulösen versuchen. Nicht nur in den Texten ergreifen sie Partei für die Marginalisierten und die Deklassierten, sie engagieren sich auch in längerfristig angelegten, politisch motivierten Projekten und Kampagnen. Hierbei spielt nicht nur schlichte Betroffenheit eine Rolle, die das soziale Projekt auf der Ebene der Weihnachtsspende ansiedeln würde, sondern eine weitergehende Analyse sozialer Verhältnisse, verbunden mit der Bemühung, den Missständen durch konkrete Maßnahmen – etwa die Beförderung der Bildung – entgegenzutreten.

Rap und Zensur

HipHop wurde immer wieder zum Objekt moralischer Empörung. Der Fall der 2 Live Crew aus Miami, Florida bietet hierfür ein interessantes und beinahe mustergültiges Beispiel. An ihrer Geschichte läßt sich das Wechselspiel von Rap und Zensur gut exemplifizieren, da sie hohe Wellen schlug. Weitere interessante Beispiele wären die Fälle P.E., N.W.A. oder Ice-T. Sie finden aber keine ausführliche Schilderung mehr, da sie bereits erwähnt wurden.

Für den Kopf der 2 Live Crew, Luke Skyywalker, ist HipHop vor allem ein Mittel, um Wohlstand zu erlangen. »Ich hätte auch anders Geld verdienen können, aber ich habe mich für Rap entschieden. Ich war immer ein Betrüger, ich wollte immer noch mehr haben. Aber ich mache das Geld, nicht das Geld mich.«[124]

Luke Skyywalker ist bereits 1990, im Alter von 29 Jahren ein erfolgreicher Geschäftsmann. Er besitzt einen Club, ein Plattenlabel (*Luke Skyywalker Records*) mit 23 Angestellten, ein Studio und zwei Unterlabels, auf denen zahlreiche Künstler verpflichtet sind. Für seine ökonomischen Leistungen erhält er 1990 den Webber Award (Music & Biz). Sein Business zeichnet sich vor allem dadurch aus, dass er es stets verhindert hat, von den Majors aufgekauft zu werden und wie *Def Jam* lediglich Vertriebsverträge mit diesen abgeschlossen hat.

1987 veröffentlichten 2 Live Crew ihr erstes Album, *2 Live Crew is What We are* und ernteten zu dieser Zeit schon den Vorwurf, sexistisch zu sein. Ihre wesentliche Aussage wird oft auf den Songtitel *We Want Some Pussy* reduziert. Bei der Beurteilung des Vorwurfs gilt allerdings abzuwägen, ob sexuelle Äußerungen mit dem Vorsatz getätigt werden, Frauen herabzuwürdigen, oder ob sie sich gegen die herrschende Sexualmoral richten. Im Fall der 2 Live Crew trifft sicher beides zu – oft genug dienen Frauen in ihren Texten nur dazu, einen sexistischen Witz zu reißen. Ihren Kritikern hält die Crew entgegen: »Die Medienleute und die vom Musikgeschäft sind konservative und bürgerliche Afroamerikaner. Unsere Musik ist Ghettomusik, und das mögen sie nicht, weil es sie daran erinnert, wo sie herkommen.«

Hier wird eine Grenze markiert, mit deren Hilfe Kritik abgeschmettert werden soll: Ghetto und Bürgertum.

Der eigentliche Skandal um die 2 Live Crew entzündete sich nach Veröffentlichung ihres Albums *As Nasty as They Wanna Be*. Dessen Produktion war ausgereifter, der Sound satter und somit die erregte Aufmerksamkeit auch größer. Von der Singleauskopplung *Me So Horny* brachte Luke Skyywalker vorsichtshalber auch eine zweite, gesäuberte Version auf den Markt. »Die antiseptische Fassung wird von den Radios gespielt, aber nur eine von neun verkauften Platten ist eine antiseptische. Die Leute wollen das nicht.«

Tipper Gore, die spätere Vize-Präsidenten-Gattin und Vorsitzende des Elternvereins PRMC, beglückwünschte ihn für so viel Verantwortungsgefühl.

Die Nachfrage des Marktes nach der »dreckigen« Version widersprach allerdings ganz der Relevanz, die der Elternverband im Diskurssystem der USA einnimmt.

Am 20.4.1987 wurde eine Verkäuferin von der Polizei in Florida verhaftet, weil sie eine obszöne Platte verkauft hatte. Die Anklage ist später fallengelassen worden. Im Juni 1988 erlitt ein Plattenverkäufer aus Alabama das gleiche Schicksal und wurde zu einer Zahlung von 500 Dollar verurteilt. Luke Skyywalker: »In derselben Stadt gibt es einen afroamerikanischen Plattenverkäufer, der den jungen Afroamerikanern Platten verkauft. Ihn haben sie nie angegriffen. Aber diesem weißen Plattenhändler, der Black-Music-Platten an weiße Jugendliche verkauft, sind sie sofort auf den Pelz gerückt, weil sie fürchten, dass er die Jugend verderbe. Es ist wie in der Anfangszeit des Rock'n'Roll. Als es nur eine Musik der Black Community war, haben sich die Behörden nicht daran gestört, sobald aber auch andere Leute davon begeistert waren, waren sie sofort darüber besorgt.«[125]

Im Februar 1990 sprach die Jury den Händler frei. Skyywalker verschickte Aufkleber mit der Aufschrift »Vorsicht. Deutliche Sprache. Die Erlaubnis der Eltern muss eingeholt werden. 18 Jahre und älter« an alle Plattenhändler, die neben die gedruckten Warnungen geklebt werden sollten. In einigen Bundesstaaten wurde die »schmutzige« Version der Platte nicht mehr an Minderjährige verkauft. Ebenfalls Anfang 1990 übten Justizangestellte der Staaten Ohio, Indiana, Alabama, Tennessee, Florida und Pennsylvania Druck auf Plattenhändler aus, die Alben der 2 Live Crew aus den Regalen zu nehmen. In Ohio, Alabama und Georgia wurden Konzerte der Gruppe verboten. Für den Rapper als öffentlichen Redner ergibt sich hieraus eine neue Position im gesellschaftlichen Diskursfeld, die auf sein identitäres Selbstverständnis rückwirkt: Er wird zum Verfolgten, dem das Recht auf freie Meinungsäußerung – in den USA noch stärker geschützt als in europäischen Staaten – verwehrt wird.

Im Juni 1990 wurde Luke Skyywalker, bürgerlich Luther Campbell, gezwungen, seinen Namen wie auch den seiner Plattenfirma zu ändern. Geklagt hatte die Lucas-Film Produktionsfirma, Produzenten der *Star-Wars*-Filme, nach dessen Helden Luke Skywalker sich Campbell benannt hatte. Das zum Namen hinzugefügte »Y« sei nicht ausreichend. Lucas forderte 300 Millionen Dollar Entschädigung. Am 6.6.1990 erging ein Urteil in Florida, in dem *As Nasty as They Wanna Be* als tatsächlich obszön eingestuft wurde (laut einem

Gerichtsurteil von 1973 kann ein solches Urteil für alle Werke ausgesprochen werden, die »keinen ernstzunehmenden künstlerischen, wissenschaftlichen oder politischen Wert« erkennen lassen). Daraufhin zogen auch andere Geschäfte, unter anderem *Hastings*, die 117 Filialen in den USA unterhalten, die Platte zurück. Die Presse begann den Fall aufzunehmen. Weiterhin kam es zu Fällen, in denen Plattenhändler verhaftet wurden. Am 10. Juni 1990 wurden sogar zwei Mitglieder der 2 Live Crew in Hollywood, Florida verhaftet, weil sie auf einem Konzert obszönes Material gespielt hätten. Kurz darauf wurden sie ohne Kaution wieder freigelassen. Gegen zwei weitere Mitglieder der Band, die aus dem Club fliehen konnten, wurde Haftbefehl erlassen.

Im Juli 1990 drohte Jack Thompson, einer der Anführer der moralischen Kampagne gegen die 2 Live Crew, vor allen Geschäften, die es wagen sollten, die für den 4. Juli (Nationalfeiertag) vorgesehene Veröffentlichung der Platte *Banned in the USA* (eine Anspielung auf Bruce Springsteens Hymne *Born in the USA*), die Organisationen The American Family Association und The Focus On The Family aufmarschieren zu lassen. Sein Engagement begründet Thompson folgendermaßen: »Ich kriege Angst, wenn Leute die Vergewaltigung rühmen und dann davonkommen sollen. Bevor ich die Sache in die Hand nahm, wurde die Platte an Kinder aller Altersgruppen verkauft. Dieses Album steht nicht für die freie Meinungsäußerung, sondern sein Ziel ist es, Leute aufzuhetzen, Frauen zu verhöhnen und die Vergewaltigung zu glorifizieren. Gott gab mir die Gabe ein Mann des Gesetzes zu sein, und ich werde diese Gabe nutzen, um solche Sauereien zu bekämpfen.«

Wie es um die Moral des Jack Thompson bestellt ist, kann folgendes Zitat ein wenig erhellen, in dem auch der Aspekt der Frauenverhöhnung nicht zu kurz kommt. Er ließ es seiner Konkurrentin um den Posten des Staatsanwaltes von Dade County zukommen: »Ich, Janet Reno, bin: a) Homosexuell b) Bisexuell c) Heterosexuell. Wenn Sie nicht antworten, werde ich Sie den beiden ersten Kategorien zurechnen.«[126]

Der Protest gegen 2 Live Crew ist also religiös motiviert und von einer advokatorischen gefühlten Gesetzesverpflichtung getragen. Michael Guarino, Staatsanwalt von Los Angeles, der wenige Jahre zuvor die Punkband Dead Kennedys verklagt und mit dermaßen hohen Prozesskosten überhäuft hatte, dass diese sich gezwungen sahen, die Band aufzulösen, konnte die Aufregung nicht nachvollziehen: »Ich verstehe nicht, warum sich alle auf 2 Live Crew stürzen. Sie beschreiben das Sexualverhalten in keiner anstößigen Art und Weise.« Am 30.7.1990 schreibt *Newsweek*: »Woher stammt die Idee, dass sexuelle Gewalt gegen Frauen amüsant sein könnte? Aus einem Plattengeschäft, aus den Hörern eines Walkman, von Schwangeren, welche die Parolen von 2 Live Crew rufen. [...] Keinerlei Moral: Hier wird jeder Dreck zugunsten von Profit verkauft, die Liberalen sprechen von Toleranz im ›Ideenmarkt‹, um das Ganze zu rationalisieren. [...] Ein fehlendes Talent an Leute zu verkaufen, denen der Geschmack fehlt, ist nichts Neues. Hier geht es um die Verbindung von extrem Infantilem mit der drohenden Degeneration, die vom Profit der Volksbelustigungsindustrie herrührt.«

Fassen wir also zusammen: Keinerlei Moral, Dreck, der zugunsten von Profit verkauft wird (wofür wird *Newsweek* verkauft?), fehlendes Talent der Musiker, fehlender Geschmack der Hörer, extreme Infantilität, drohende Degeneration, herrührend aus dem Profit (noch einmal) der Volksbelustigungsindustrie. Die Auseinandersetzung bietet wenig Sachliches, dafür viel aufgeregte, moralisch empörte Wertung.

Am 9.10.1990 wurde die 2 Live Crew von einer Jury vom Vorwurf der Obszönität freigesprochen. Was bleibt, sind profilierte Politiker des konservativen Lagers (Jack Thompson erhält für Vorträge über 2 Live Crew 2000 Dollar Gage) und gesteigerte Umsätze für die Band. Von dem Album *As Nasty as They Wanna Be* setzten 2 Live Crew 1,5 Millionen Exemplare ab, dazu müssen noch einmal 200.000 »saubere« Fassungen gerechnet werden. Inwieweit der Skandal von den Akteuren intendiert war, lässt sich nicht entscheiden – geschadet hat er ihnen jedenfalls nicht. Aber der Diskurs über Obszönität in Zusammenhang mit Black Music im Allgemeinen (Tipper Gore empörte sich angeblich darüber, dass ihre Tochter die Platte *You Sexy Motherfucker* von Prince gehört hatte) und HipHop im Besonderen lässt erkennen, dass die Wirkkraft von Musik nicht gering eingeschätzt wird. Um sich vor dem moralisch verderbenden Inhalt zu schützen, wurden Aufkleber eingeführt, die, auf den Tonträgern angebracht, vor negativem Einfluss warnen. Die Tatsache, dass sich der Konflikt an der 2 Live Crew entzündete, darf nicht überbewertet werden; auch Ice-T hatte wegen seines Songs *Cop Killer* Ähnliches durchzustehen. All diese Fälle zeigen vor allem eines: Die Öffentlichkeit ist sich der diskursiven Wirkung von Musik durchaus bewusst.

Illness

Der zweite Frontmann von Public Enemy heißt, wie erwähnt, Flavor Flav. Sein Image ist das des Madman, des Verrückten. Während Chuck D diskutiert und argumentiert, abseits der Bühne Vorträge hält und Leitartikel für angesehene Blätter schreibt, also die Rolle des respektierten Intellektuellen füllt, ist es Flavor Flavs Aufgabe, über die Stränge zu schlagen und Unsinn zu verbreiten. Die Aufteilung der Rollen ist natürlich Konzept.

Das Spiel mit der Verrücktheit hat ganz ähnliche Wurzeln wie das Signifying, es ist ein Spiel mit Bedeutung und Identität. Dem Verrückten ist es erlaubt, Dinge zu äußern, die man dem »Normalen« in Misskredit stellen würde. Das Spiel mit dem Bild des verrückten Schwarzen ist zudem ein Spiel mit Erwartungshaltungen. Man erwartet von so einem keine sinnvollen Äußerungen, insofern ist ihm auch nichts verboten. Das Image des Verrückten zu nutzen folgt einer subversiven Strategie, Inhalte äußern zu können, die andere verschweigen müssten. »Illness« ist auch ein Kommentar der Rolle, die Schwarzen in der amerikanischen Unterhaltungsindustrie immer wieder, zeitweise ausschließlich, zugedacht war: die des unterhaltsamen, aber nicht ernstzunehmenden Trottels, der den Diener der Weißen spielt, dem Torten ins Gesicht fliegen, oder sonstiges lächerlich machendes Pech widerfährt und der, seiner sorglosen Natur entsprechend, trotzdem immer wieder lacht. Diese Rolle wurde immer wieder von den Black comedians aufgeführt. Im Videoclip zu ihrem Song *Burn Hollywood, Burn* wird dieses Klischee von Public Enemy bloßgestellt. Flavor Flav sitzt mit brennendem Streichholz in einem Kino, auf dessen Leinwand die Sternstunden des rassistischen Hollywood vorüber ziehen.

Ein weiterer Verrückter ist Ol' Dirty Bastard, Mitglied des in den Neunzigern omnipräsenten Wu-Tang Clans. Wie Flavor Flav hat auch Ol' Dirty Bastard – auch unter den Pseudonymen Osiris (er behauptet, eine Reinkarnation des ägyptischen Totengottes zu sein) und Big Baby Jesus bekannt – immer wieder mit Drogenproblemen und der Polizei zu kämpfen. Anfang der Neunziger verschwand Flavor Flav in New Yorks Crackhäusern, ist aber inzwischen wieder musikalisch aktiv. Mit den Vertretern der Illness ist nicht wirklich zu rechnen, Zuverlässigkeit ist nicht ihre Stärke. Musikalisch von einer wahnsinnigen (im Sinne des Wortes) Energie geprägt, ist es für Labelmanager und Künstlerbetreuer eine wahre Tortur, Termine mit den Künstlern zu vereinbaren, weil sie schlicht nicht in einem geregelten Takt ticken. Immer wieder verschwinden sie für Wochen von der Bildfläche oder geraten mit dem Gesetz in Konflikt. Allein 1999 soll Ol'Dirty Bastard aus einem Club in L.A. geflogen sein und dessen Türsteher mitsamt Freundin bedroht haben, beim Diebstahl von einem Paar Turnschuhen erwischt worden sein, wiederholt beim Fahren ohne Führerschein und Nummernschild, dafür aber mit reichlich Drogen im Blut aufgefallen und in eine Schießerei mit Polizisten verwickelt gewesen sein. Er ist der erste, der in Kalifornien dafür verurteilt wurde, unerlaubt eine kugelsichere Weste zu tragen. Auf ihn wurde wiederholtermaßen geschossen. Zudem wurde er mit zwanzig Beuteln Crack und einem Beutel Marihuana auf dem Weg zur Rehaklinik gestoppt.[127] Im Jahr 2000 trat er eine mehrjährige Freiheitsstrafe an.

Stars mit illegalen Gewohnheiten hat es zur Genüge gegeben und ein zerstörtes Hotelzimmer hat schon den Verkauf so mancher Platte angekurbelt. Aber was bei dem einen gezielte und wohlkalkulierte Provokation ist, ist bei Flavor Flav und Ol' Dirty vielmehr tatsächliches Ignorieren von Gesetz und sozialen Grenzen. Den beiden, nebenbei erwähnt hervorragenden, Rappern gelingt es, ihre öffentlichen und privaten Personen übereinstimmen zu lassen. Gerade das macht sie für Elternverbände so gefährlich. Das Image, in dem sich Illness-Rapper präsentieren, ist subversive Strategie der Identitätsbildung, das den Rahmen des diskursiv Vermittelbaren über ein Spiel mit Erwartungshaltungen weitet.

Beurteilt man das normabweichende Verhalten als Vorstufe zum Verbrechen – diesem Verständnis folgt die amerikanische Politik der »zero tolerance«, die kleinste Verstöße gegen das Gesetz streng verfolgt sehen will, um einen abschreckenden Effekt zu erzielen –, dann sind Figuren wie Ol'Dirty Bastard tatsächlich eine Bedrohung der inneren Sicherheit. Vor diesem Hintergrund muss Ol'Dirty Bastards Paranoia vor CIA und FBI gesehen werden, von denen er sich wegen »unamerican raptivity« verfolgt sieht.[128] Dem Anspruch, HipHop zu leben, geben Künstler wie Flavor Flav und Ol'Dirty Bastard eine neue, denkwürdig radikale Nuance.

Weitere Rapper, die das Image des Verrückten nutzen, sind die New Yorker Biz Markie und Busta Rhymes. In Bustas Fall liegen aber öffentliche und private Person weiter auseinander als bei den beiden Erwähnten, da er ein agiler

Produzent und Geschäftsmann ist, erfolgreich in der Lage, nicht nur seine Karriere, sondern auch die seines Umfeldes zu befördern. Auch Busta Rhymes arbeitet mit dem Format Illness, das ihm erlaubt, kontroverse Inhalte zu vermitteln, ohne sich der Lächerlichkeit preiszugeben, da die Maske des Clowns ihn eben hiervor bewahrt. Der »verrückte Nigger« ist nicht ernst zu nehmen, doch durch seine Maske werden konkrete, durchaus ernste Dinge benannt und verhandelt. Wie schon im Signifying dient Illness der Kommunikation mit den Gleichen, den Mitgliedern der eigenen Gruppe, geht aber zugleich über sie hinaus, da die Stilisierung als Verrückter auch auf den Gegner als anvisiertes Kommunikationsgegenüber verweist. Es ist ein Spiel mit den Erwartungshaltung des anderen und markiert selbstbewusst Differenz, indem es den anderen und seine Erwartungshaltungen zugleich verhöhnt.

Die Imperien

In den Neunzigern gelang es mehreren Künstlern, nicht nur sehr erfolgreich ihre eigene Karriere zu verfolgen, sondern mit breit angelegten Konzepten mittelschwere Entertainment-Imperien aufzubauen, die den Erfolg verschiedener Künstler befördern. Dies ist insofern ein neues Phänomen, als sich die Musiker nun auch verstärkt um das Geschäft kümmern und ihre Einnahmen nicht nur für den persönlichen Wohlstand nutzen, sondern reinvestieren. Eine Karriere, die hier besonders heraussticht, ist die des Wu-Tang Clans aus New York City, weswegen sie im folgenden exemplarisch geschildert werden soll.[129]

Das Mastermind der Gruppe ist ihr Produzent und Rapper RZA (für »razor«, die Rasierklinge). Seine musikalische Karriere begann nicht sehr erfolgversprechend. Seine erste Platte veröffentlichte er unter anderem Namen, Prince Rakeem. Anfang der Neunziger musste er eine Freiheitsstrafe antreten und fühlte sich im Laufe des Verfahrens nicht in ausreichendem Maße von seiner Plattenfirma unterstützt, weswegen er sich von ihr trennte. Wieder in Freiheit, blieben ihm der Legende folgend gerade mal noch 10.000 Dollar. Aber er hatte eine Idee. Die Geschichte, die nun folgt, ist so etwas wie der schwarze American Dream, dessen Existenz von Rappern oft bestritten wird.

RZA scharte zwei seiner Cousins, Genius GZA und Ol'Dirty Bastard, und sechs weitere Rapper um sich und bildete den Wu-Tang Clan. Von dem Geld, das er noch besaß, produzierte er 1992 das erste Mini-Album *Protect Your Neck* und vertrieb es in der alten HipHop-Kassetten-Tradition (die frühen DJs verkauften ihre Arbeiten auf Kassetten im Straßenvertrieb) aus dem Kofferraum seines Autos heraus. Die Produktion ist rau und scheppernd – der Geist des ursprünglichen, ungeschliffenen HipHops. Der Erfolg der Straße und die hierdurch bedingte Underground-Prominenz machten den Clan zum Geheimtipp und brachten Wu-Tang einen Vertrag mit *Loud Records* ein. Ein Punkt in diesem Vertrag war besonders entscheidend: Man bestand auf das Recht, eventuelle Soloprojekte der insgesamt neun Rapper auf anderen Labels veröffentlichen zu dürfen. Dies ist der Schlüssel zu Wu-Tangs überragendem Erfolg, denn schon wenige Monate nach Veröffentlichung des Debüt-Albums *Enter the 36 Chambers of Wu-Tang Clan* im Jahr 1993 erschien die Solo-LP des Rappers Method Man auf *Def Jam*. Dieses Prinzip wurde fortgesetzt, was den Effekt hatte, dass nun eine Vielzahl von Plattenlabels Promotionarbeit für den Wu-Tang Clan leisteten – jedes Mal, wenn ein neues Soloalbum erschien, machte eine neue Firma indirekt Werbung für den gesamten Clan.

Damit eroberte der Wu-Tang Clan die HipHop-Welt in atemberaubender Geschwindigkeit. Das lag nicht nur am genialen Konzept, sondern auch an der innovativen Kraft von RZAs Produktionen. Alle paar Monate wurden neue Soloplatten veröffentlicht. RZA war längst nicht mehr der einzige Produzent des Clans, sondern hatte Schüler um sich geschart, die auch neue, dem Clan assoziierte Gruppen wie Sunz Of Man oder Killarmy produzierten. Unter dem Namen Wu-Wear wurde eine eigene Modelinie vermarktet, es gab unter anderem Nagellack und ein Videospiel vom Wu-Tang Clan – sogar der Einstieg in die Filmindustrie wurde angekündigt. Der Aufstieg von der selbstverlegten Band zum Multimillionen-Dollar-Unternehmen gelang in wenigen Jahren und nötigte auch Wirtschaftsexperten Respekt ab.

RZAs Vermarktungskonzept passte perfekt in seine Zeit, in der über Musik nicht nur Songs verkauft wurden, sondern das Medium zunehmend als Marketingtool zur Zielgruppenerschließung genutzt wurde. Über das Image, das sich der Wu-Tang Clan als Band aufgebaut hatte, ließen sich außer CDs auch weitere Produkte an die gleiche Konsumentengruppe verkaufen, da der Name in ihrem Kreis für Qualität und insbesondere für ein Lebensgefühl steht. Die Technik des Kultursponsoring großer Firmen, welche bei kulturellen Events als Geldgeber auftreten und hierdurch ihren Namen in der anvisierten Gruppe platzieren, folgt demselben Prinzip. Der Wu-Tang Clan wurde so zu einem der erfolgreichsten Beispiele für eine Karriere aus dem ökonomischen Nichts, zu einem millionenschweren Konzern der Unterhaltungsbranche.

Weitere Beispiele dieser Art sind die bereits erwähnten *Skyywalker Records* und der in den Neunzigern erfolgreiche Master P, der neben dem Verlag seiner eigenen und anderer Künstler Platten eine sehr einträgliche Telefonsex-Hotline führte. Das Geld zum Aufbau der Hotline stammte aus den Plattenverkäufen. Der erfolgreichste Rapper und Produzent der Neunziger war aber sicherlich Puff Daddy, dessen Firma *Bad Boy Entertainment* einige der erfolgreichsten Künstler unter Vertrag hat, wie zum Beispiel den ermordeten Biggie Smalls. Er diente in diesem Kapitel aus dem Grund nicht als Beispiel, weil er von vielen B-Boys nicht so sehr wegen seines kommerziellen Erfolges, sondern vielmehr wegen seiner Produktionen gehasst wird. Sie erscheinen vielen als zu marktorietiert. Er kann deswegen nicht als wirklich repräsentativ für die Szene angesehen werden (siehe die Ausführungen zum Begriff des Hardcore), obwohl festgehalten werden muss, dass der Underground einer Szene und ihre kommerziell erfolgreichen Mainstream-Ausleger einander immer bedingen. Während der Underground sein Kapital aus der Realness und Glaubwürdigkeit zieht, besitzt der »Overground« das Geld. Aber der Erfolg des Overground stellt zugleich auch den Markt für die Subgenres her.

Allen Unternehmen ist gemein, dass sie kulturelles Kapital ökonomisch institutionalisieren. Sie sichern sich auf diese Art langfristig Handlungsoptionen. In diesem Kontext ist der Trend des Outsourcing zu sehen. Aus Kostengründen gliedern große Unternehmen gewisse Geschäftsbereiche aus um sie an kleinere Dienstleister zu delegieren. Auf diese Weise wird nicht nur ein höherer Grad von Rationalisierung erreicht sondern gleichzeitig die Umwandlung von kulturellem in ökonomisches Kapital betrieben. Den Akteuren und ihrem Umfeld eröffnet sich so die Möglichkeit langfristiger Absicherung und somit ein Weg aus dem Ghetto.

Tupac

Nachdem der kalifornische Rapper Tupac Amaru Shakur am 7.9.1996 Mike Tyson, dem Schwergewichtsweltmeister im Boxen, bei dessen Titelverteidigung zugesehen hatte, wurde er auf dem Rückweg vom Stadion aus einem fahrenden Wagen beschossen. Vier Schüsse beendeten das Leben des Fünfundzwanzigjährigen.[130] Bereits 1994 war auf ihn geschossen wurden. Als das erneute Attentat stattfand, saß er im Auto seines Labelchefs Marion »Suge« Knight von *Death Row Records*, der Plattenfirma, die auch der Ex-N.W.A.-Produzent Dr. Dre mitbesitzt.

Nach Tupacs Tod befand sich die HipHop-Nation – so ein selbstgewählter Name für die Gemeinschaft der B-Boys und Fly Girls – im Schockzustand. Spekulationen über die Hintergründe seiner Ermordung wurden durch die Tatsache genährt, dass sich weder Suge Knight noch die weiteren vermuteten fünfzehn Zeugen des Attentats, die in der zu Tupac gehörenden Wagenkolonne gewesen sein sollen, bereit fanden, der Polizei Angaben über die Umstände des Ereignisses zu machen – zum Teil Beleg für das tiefe Misstrauen der HipHop-Community gegenüber der Institution Polizei. Die Umstände des Todes wurden bis heute nicht aufgeklärt. Die Medien reduzierten das Ereignis zumeist darauf, von einem Krieg zwischen »East Coast«- und »West Coast«-Rappern zu sprechen. In der Tat gab es zu dieser Zeit starke Spannungen zwischen den Lagern in New York und Los Angeles, also den beiden Hauptzentren der HipHop-Produktion. Hintergrund war die Tatsache, dass die kalifornischen HipHopper und ihr Gangsta-Rap einen enormen Erfolg hatten, während die New Yorker zu jener Zeit keinen einträglichen Marktzugang fanden.[131] Dass Konkurrenzneid aber Musiker und Verleger dazu trieb, den Kontrahenten zu ermorden, ist mehr als fraglich. Andere spekulierten, dass Suge Knight, die Regierung, die Mafia, die New Yorker Band Mobb Deep, das New Yorker Label *Bad Boy Records* oder der ein halbes Jahr später ermordete Rapper Biggie Smalls hinter dem Anschlag steckten. Auch hier offenbarte sich ein gewisser Hang zu Verschwörungstheorien.

Der nach *Ex* stillschweigend akzeptierten Version zufolge sind die Crips, eine Gang aus L.A., für den Tod verantwortlich. Es ist bekannt, dass Suge Knight den konkurrierenden Bloods angehört. Auch anderen *Death-Row*-Künstlern wie Snoop Doggy Dogg (Crips) und DJ Quik (Bloods) werden Verbindungen zu den Gangs nachgesagt. Auch diese Theorie hat Lücken und weist Widersprüche auf, ist aber wahrscheinlicher als alle anderen. Eine Tatsache, die das belegen könnte, war der durch Ganggewalt bedingte, sprunghafte Anstieg von Todesfällen in L.A. nach Tupacs Ermordung.

Die unaufgeklärten Umstände seiner Ermordung trugen zu einer Verklärung der Person Tupac Shakurs und zu hohen Umsatzzahlen seiner Plattenverkäufe post mortem bei. Noch 2001, fünf Jahre nach seinem Tod, wurde unveröffentlichtes Material auf den Markt gebracht und erfolgreich umgesetzt. Was hierbei Ursache und was Wirkung ist, lässt sich schwer entscheiden. Die narrative Verarbeitung des Todes und die verkaufsfördernde Wirkung stehen in einem dialektischen, von Wechselwirkungen geprägten Verhältnis. Der Tod führte aber auch zu einer längst notwendigen Thematisierung der szene-internen Gewalt.

TUPAC: THE ROSE THAT GREW FROM CONCRETE, 2000

Wie bei vielen der früh gestorbenen Stars – man denke an James Dean, John Lennon, Sid Vicious, Bob Marley oder Kurt Cobain –, wurde der Künstler zum Mythos umfunktioniert. Die Biografie Tupacs hält hierfür einige Ansatzpunkte bereit. Seine Mutter war in den Sechzigern und frühen Siebzigern Aktivistin der Black Panther Party. Sie saß für ihr Engagement in Haft. Tupacs Stiefvater wurde Ende der Achtziger wegen der Beteiligung an einem bewaffneten Raubüberfall zu sechzig Jahren Haft verurteilt. Zur gleichen Zeit erfuhr Tupac von der Cracksucht seiner Mutter. Seine Biografie enthält viele Punkte, an welche die Ghettojugend anknüpfen und mit denen sie sich identifizieren kann. Er ist »einer von ihnen«. Sein Erfolg und sein Charisma lassen den Toten, der sich gegen Verklärung nicht wehren kann – der im Gegenteil bereits zu Lebzeiten viel zu seiner Verklärung beitrug – als Lichtgestalt erscheinen. Die Bewegung bekam mit ihm ihren Märtyrer. Der Tod konnte so zu einem diskursiven Ereignis werden, das der Konstruktion kollektiver Identität dient.

Nach der Ermordung Tupacs und vor allem nach dem ein halbes Jahr später folgenden tödlichen Attentat auf Biggie Smalls war das öffentliche Entsetzen inner- und außerhalb der Szene groß. Diese Ereignisse katapultierten ein gravierendes Problem des HipHop in den Mainstreamdiskurs: die Gewalt. In den Tageszeitungen war von einem Krieg der Eastcoast gegen die Westcoast zu lesen und man gewann den Eindruck, dass sich die Musiker beider Lager bis an die Zähne bewaffnet gegenüber standen. Das war natürlich Unsinn. Um solchen Stereotypen entgegenzuwirken, waren die Musiker in der folgenden Zeit stark darum bemüht, eine neue Einheit zu demonstrieren, die sich in zahlreichen gemeinsamen Projekten niederschlug. Die verbindenden Elemente wurden fortan – ähnlich wie in der Stop The Violence-Bewegung – stärker als die trennenden betont. Auch wenn die Morde nie aufgeklärt wurden und dies aller Wahrscheinlichkeit nach auch nicht mehr geschehen wird, haben sie doch zu neuen Verhältnissen innerhalb der Szenen geführt, die von Solidarität und größerem gegenseitigem Respekt geprägt sind.

Eminem – Fear of a White Rapper

Um Rap als »schwarzes Phänomen« zu begreifen, bietet es sich natürlich an, auch über die nicht-schwarzen MCs zu schreiben und ihre Stellung in der Szene zu reflektieren. Die schwarzen HipHopper hatten seit jeher Angst, dass weiße Musiker ihnen ihre Kultur wegnehmen könnten, so wie es schon mit Jazz, Blues und Rock'n'Roll geschehen war. Das Gespenst des HipHop-Elvis ging seit den Achtzigern in der Szene um.

Es gab allerdings auch immer wieder weiße MCs und Gruppen, die Anerkennung fanden. Die Beastie Boys waren akzeptiert, sie richteten sich aber auch nicht an das klassische HipHop-Publikum und stehen somit ein wenig außen vor. Third Base waren New Yorker mit jüdischen Wurzeln und hatten in den Achtzigern einen gewissen Erfolg, ebenso wie die weißen Young Black Teenagers. Vanilla Ice hingegen war so etwas wie die fleischgewordene Befürchtung. Er bediente sich offensichtlich im Fundus der HipHopper. Sample-Musik, Sprechgesang und auch sein Outfit beanspruchten offensichtlich die Kredibilität der HipHop-Kultur, zielten aber auf ein weißes Mainstream-Publikum. Kein Wunder, dass er den Hass aller wahren Heads auf sich zog.

Erst Ende der Neunziger tauchte ein MC auf, der weiß war, offensichtlich rappen konnte und das Potential zum Star mitbrachte: Eminem, auch bekannt als Slim Shady. Eminem rappte schnell, brachte endlose Reim-Ketten, inszenierte sich als Symbol des »White trash«, der armen weißen Bevölkerung, und drückte in seinen Texten die Wut und Gewaltphantasien des Verlierers der amerikanischen Leistungsgesellschaft aus. Eminem war ein Skandal und auch als solcher inszeniert. Um diese Inszenierung Eminems kümmerte sich kein geringerer als Dr. Dre, der ehemalige N.W.A.-Rapper und -Produzent, der während der Neunziger erfolgreich einer Solo-Karriere nachgegangen war. Er hatte Slim angeblich entdeckt, nachdem dieser in einer Radiosendung gefreestylet hatte. Dre hatte gar nicht von Slims Hautfarbe gewusst, als er ihn das erste Mal hörte: »I didn't know he was white when I first heard his tape. But I'm not a racist. If you have the potential to be a star, if you have the talent, I'ma work with you.«[132] Und auch Busta Rhymes attestiert: »Eminem is mad important to HipHop right now.«[133]

Jeder erkannte das ungeheure Talent dieses Newcomers, trotzdem mochten sich nur wenige mit der Idee anfreunden, dass die Rap-Formel mit ihm die Community verlassen hatte. Das Phänomen Eminem wurde heiß diskutiert. Das führende amerikanische HipHop-Magazin *The Source* schrieb: »Some say white folks don't need to be rapping, that rap music is a pure African American form that deserves to remain in the hands and the hearts of black folks. Some say that white rappers are the spiritual progeny of, say, Elvis, a white boy with rhythm who took what was not his and made it his own, disavowing the Black [sic] creators [...]. Some of those folks might be right. But there's another way of looking at rap music. If you think of it as a phenomenon of class, then you might want to get ready for a huge crop of white boy rappers to claim the style and make it their own. [...] Rap music is the music of the disenfrachised, a slang speech of outrage and anger [and joy and love] from a people who don't have more mainstream ways of articulating themselves. And some of those people are white folks.«[134]

Auch Eminem interpretierte HipHop auf diese Weise: »I do feel like I'm coming from a standpoint where people don't realise there are a lot of poor white people. I kid you not, my family is fucking Jerry Springer, the epitome of white trash. Rap music kept my mind of all the bullshit I had to go through. Kept my head up. [...] Look I'm white in a music started by black people. I'm not ignorant to the culture and I'm not trying to take anything away from the culture. I'm not frontin' trying to be something I'm not, like some people, some corny ass white boy trying hard to be down. But no one has a choice where they grew up or what color they have.«[135]

Er reflektierte seine Wirkung, die er auf andere Weiße zu haben schien: »It's almost like Eminem is the hope or hero or spokesperson for the white rappers. But I ain't trying to be that. I'm trying to speak for me and for anybody else who's like me. (...) Where I grew up, I've been discriminated against for being white. The majority of my friends were Black, partly because of the music I loved, and partly because they wanted to do what I wanted to do.«

Als Eminem sein zweites Album verkauft hatte, widmete er sich seinem alten Umfeld und produzierte das 2001 erschienene Album seiner (schwarzen) Freunde D-12. Er gab also etwas an die Szene zurück. Eminem stahl den Schwarzen nicht den HipHop, auch wenn es seitdem mehr weiße Rapper in der Öffentlichkeit gibt als vor seinem Erfolg. Der breite Diskurs über Eminem wurde intensiv geführt und hat sicher dazu beigetragen, ein Bewusstsein dafür zu erzeugen, dass es möglich ist, Weiße im HipHop zu akzeptieren, gleichzeitig aber auch die Werte des HipHop zu schützen. Gerade in dem Ansatz, HipHop zwar als schwarze Musik zu begreifen, aber eben auch als Ausdruck der Armen und Unterdrückten, spiegelt sich die universalistische Haltung Bambaataas wider.

INTERVIEW: MIKE LADD

Mike Ladd stammt aus der New Yorker Künstler-Bohème. Seine Musik ist HipHop, die Einflüsse sind vielfältig. Zerstörerische Disharmonien brechen durch die Oberfläche des Beats und sind Kommentar zum Status Quo des HipHop. Das Umfeld dieses Produzenten, Texters und Rappers besteht zum einen aus Leuten wie Company Flow, die HipHop in den Neunzigern Auswege durch Verweigerung öffneten – zum anderen aus der Slam-Poetry-Szene des Greenwich Village und des Newrican Poets Café. Mike Ladd ist ein Intellektueller, dessen Musik, Texte und Projekte explizite Kommentare sind. Er veröffentlicht auf dem britischen Label Ninja Tunes/Big Dada.

Mike Ladd: »Erinnert ihr euch an die Selbstmorde in Kalifornien, als der Halleysche Komet auftauchte? Diese Leute glaubten, wenn sie sich töten, würden sie vom Halleyschen Kometen mitgenommen werden. Nun, Wissenschaftler haben nachher einen zusätzlichen Schweif des Kometen gefunden. Vielleicht sind die ja wirklich mitgenommen worden. Ich meine, für mich waren das Ausgeflippte, aber vielleicht haben sie ja wirklich eine Mitfahrgelegenheit auf dem Kometen gekriegt. Übrigens: Der Bruder von Uhura aus Star Trek war einer derjenigen, die sich da umgebracht haben. Mein Freund Tony Medina hat ein Gedicht darüber geschrieben, das er Uhuras Bruder gewidmet hat und in dem es heißt: ›Es ist für einen Schwarzen schwer genug, ein Taxi zu kriegen / ganz zu schweigen von einem Halleyschen Kometen, um diese Scheiße hier zu verlassen.‹ (It's hard enough for a black man to catch a cab / let alone a hale-bopp comet out this motherfucker.)«

Ist das nicht der alte schwarze Traum von einem Raumschiff, dem Mutterschiff, um aus den irdischen Qualen gerettet zu werden?

»Es ist eine alte Volksgeschichte, dass man von den Sklavenfeldern einfach wegfliegt. Aber da flog man noch nicht ins All. Das kam später mit Sun Ra. Elijah Muhamma (NOI) sprach von weißen Leuten, die aus den Fernen des Alls kamen.«

Blöde Frage, aber: Bist du schwarz?

»Ja. (lacht) Man sieht's mir nicht wirklich an. Ich sehe wohl mehr marokkanisch aus oder algerisch oder griechisch. Schwarze wissen, dass ich schwarz bin, aber jeder will dich auf seiner Seite haben. Griechen fragen: ›Bist du Grieche?‹ Ich war mal in Marokko und dieser Typ kam zu mir und sagte: ›Mit dir bin ich zur Schule gegangen.‹ Und ich konnte nur sagen: ›Alter, ich bin erst seit zwei Tagen in deinem Land.‹ Mein Vater war halb weiß und halb Indianer. Aber er starb, als ich noch sehr jung war. Und meine Mutter ist Cherokee und schwarze Amerikanerin. Und irgendwo muss da auch noch was Weißes sein. Aber meine Mutter ist hauptsächlich schwarz und mit ihr bin ich aufgewachsen, also hat mich das geprägt.«

Für einen Europäer ist diese amerikanische Ethnisierung wirklich nicht immer verständlich. Das geht ja soweit, dass man nicht mal Latinos als Weiße betrachtet, während jeder Europäer einen Spanier »weiß« nennen würde.

»Jedes kolonisierte Land hat seine Spezifizierungen. In Südafrika hast du Schwarz, Weiß, Farbig. Wenn du als schwarzer Amerikaner während der Apartheid nach Südafrika gereist bist, warst du ›honorary white‹, ein Ehren-Weißer. Das haben sie dir in den Pass geschrieben und genauso verdreht kann es sein. Was die USA betrifft: da hast du die Unterteilung black hispanic und white hispanic. Die Leute können sich das aussuchen. Mein DJ Freddie stammt aus der Dominikanischen Republik, und wenn er nicht schwarz sein wollte, könnte er bei der Volkszählung white hispanic ankreuzen. Das hängt von jedem selbst ab.

Ich schreibe viel über schwarze Themen und ich liebe es, wenn Schwarze meine Musik hören; ich liebe es, wenn Menschen überhaupt meine Musik hören. Eins meiner Lieder setzt sich mit Schwarzen wie mir auseinander. Aber wir sind immer weit vom schwarzen Stereotyp weg. Ich bin daran interessiert, Konzepte der schwarzen Erfahrung auszudehnen. Kennt ihr die Bad Brains? [New Yorker Hardcore-Punk- und Reggae-Band, die – untypisch für Punk – alle schwarz waren; J.K.] Als die anfingen, war ein Großteil ihres Publikums weiß. Aber ihre Texte haben sich stark mit schwarzen Themen auseinandergesetzt. Sie haben das Konzept des doppelten Bewusstseins [double concioussness] bekämpft. Die haben einfach gemacht, was immer sie wollten und waren dankbar für jeden, der zu ihren Konzerten kam. Und nun, letztendlich, interessieren sich viele Schwarze für die Bad Brains.

In New York und Chicago haben wir ein großes schwarzes Publikum. Aber als wir in New Orleans spielten, waren da nur Weiße. Dann sind wir in einen sehr armen, schwarzen Bezirk von New Orleans gefahren, wo alle Leute Master-P-Fans waren. Die mochten zwar den Poetry-Teil vom Programm, aber ich musste den Beat aus machen. Jeder Teil des Landes ist unterschiedlich. Vor allem wird es nie nur schwarz sein.«

Gibt es eine Renaissance des schwarzen Rock? Mos Def hat seine Band ...

»Es ist ganz komisch: Die Jungs, die schwarzen Rock spielen, haben nie damit aufgehört. Es gibt viele eklektische Schwarze, die einfach für ihre Musik benutzen, was ihnen gefällt und womit sie aufgewachsen sind. Sogar Wyclef Jean von den Fugees macht das, wenn er mit seiner Gitarre auftritt, bloß, dass es bei ihm leider nicht so gut klingt [lacht]. Ich spiele, was ich spielen will. Ich liebe alle möglichen Stile. Es gibt ja eine alte Tradition von Robert Johnson zu Screamin' Jay Hawkins, von Sun Ra bis Jimi Hendrix, bis zu den Chambers Brothers. Die großen Plattenfirmen hatten immer Angst, schwarze Musik rauszubringen, die nicht nach R&B klingt. Jimi Hendrix hatte in den USA keine Chance, bis er in England Erfolg hatte. Es gibt eine Renaissance der schwarzen Bohème. Als ich 1992 nach New York zog, war die schwarze Bohème-Szene riesig. Der ganze Erykah-Badu-Hype. Sie hatte ja nichts völlig Neues gemacht. Sie hat Poetry gelesen und gesungen und diese Ästhetik hat inzwischen den Mainstream erreicht.«

INTERVIEW: RZA

RZA wurde ja schon im Kapitel zum Wu-Tang Clan vorgestellt. Anfang 2001 reiste er durch verschiedene europäische Länder, um mit lokalen Künstlern und Rappern an einem Projekt zusammen zu arbeiten: »The World According to RZA«. Verschiedene Sprachen, zusammen gehalten durch seine Beats. Zu dieser Gelegenheit führte ich ein Interview mit ihm.

Ich habe mit einer Freundin aus Brooklyn, Inez H. Templeton, gesprochen, und sie war überzeugt, man könne deutschsprachigen HipHop in den USA verkaufen. Ich sagte: Nein, auf keinen Fall, weil Amerikaner nur englischsprachige Musik hören würden, die sie direkt verstünden. Die Ausnahmen sind rar, Kraftwerk, Rammstein, Nena mit »99 Red Balloons« und das war es dann auch schon fast. Was denkst du darüber, und wirst du die Platte in den USA veröffentlichen?

RZA: »Ja, wir veröffentlichen sie in den USA. In den USA gibt es wahrscheinlich keinen großen Markt. Ich habe allerdings selbst eine große Fan-Basis, und dieses Projekt wird einen Markt öffnen. Viele Amerikaner stammen aus verschiedenen Teilen der Welt. Vielleicht ist ihre Muttersprache Deutsch oder Arabisch, und das ist gut für Amerikaner. Aber ich weiß auch, dass Amerikaner gerne in nur eine Richtung denken und sich stark auf sich selbst konzentrieren. Aber ich denke: bei einer Person wie mir und der Musik dahinter kannst du die Sprache mögen oder nicht, aber die Flows der Künstler sind gut und die Musik, zu der sie flowen, ist gut. Du kannst dich hinsetzen und einfach viben. Mach deine Augen zu und geh nach Deutschland. Nimm mein Bobby Digital-Album; da hab ich verschiedene Sprachen einbezogen. Manche meiner Freunde konnten nicht alles verstehen, was da erzählt wurde. Nicht mal ich selbst kann alles verstehen, obwohl diejenigen Leute es mir übersetzt haben, bevor sie es performten. Oder ich hab ihnen gesagt, was sie rappen sollten. Ein Track war auf Swahili und die Sängerin sagte: ›Der König kommt.‹ Meine Freunde haben nicht verstanden, was sie sagte, aber es klang cool, also war es cool.«

Ich war letztes Jahr in New York und habe mit den Leuten gefreestylet. Ich wollte immer auf englisch freestylen, damit die Leute verstehen, was ich sage, aber natür-

lich hatte ich ein begrenztes Vokabular und die Leute sagten immer: »Das ist ja ganz nett auf englisch, aber mach noch mal den verrückten deutschen Kram!« Meine These: Der Flow ist eine universelle Sprache, die du nicht über deinen Kopf, sondern über höhere, transzendente Ebenen verstehst.

»Ich stimme dir da zu. Während des ganzen Projektes habe ich betont, dass die einzigen Grenzen, die wir haben, die Sprachgrenzen seien. Das ist ein Punkt, den ich während dieses Projektes immer wieder betont habe. Was Geisteshaltung, Attitüde und Flow angeht, wirst du viele Gemeinsamkeiten finden.

Zum Beispiel: Wir haben einen Song mit der französischen Saian Super Crew gemacht: ein Flow von denen war ODB, ein anderer hatte was von Busta Rhymes drin, ein Flow war original der ihre, authentisch. Manche klangen verwandt mit denen von zu Hause, andere waren frisch und neu, aber sie hatten alle den HipHop-Rhythmus. Und das schätze ich. Und das schafft dieses Album auch. Zum Beispiel ist da ein Künstler drauf, der Xavier Naidoo heißt und der singt auf deutsch. Und wenn der anfängt zu singen, klingt das so fett und melodiös. Du kannst nicht sagen, was er singt. Du weißt nur, es klingt gut im Ohr. Ich habe türkische Rapper drauf [der Berliner Fuat; J.K.]. Wer hätte jemals gedacht, dass in der Türkei muttersprachlich gerappt wird? Und es ist überall. HipHop ist für mich der Sound unserer Generation, der Weg unserer Generation, die Kommunikation unserer Generation, und er bricht all die Barrieren nieder, die die Denkweisen der alten Leute errichtet haben. Die ältere Generation kontrolliert immer noch die Welt. Sie lässt uns tun und ruhn, und sagen und essen. BSE. Und sie wollen tausende Kühe verbrennen und ihren Rauch in die Atmosphäre blasen. Und sie sagen, da ist nichts falsch dran. Aber wir sehen, wie alle krank werden. Und dann kommen die Apotheker, Drogendealer [RZA spricht von »drugdealers«, was beides heißen kann; J.K.] und Ärzte, die mit uns Geld verdienen. Es ist verrückt. Aber unsere Generation ist nicht so. Wir haben nicht das gleiche Wesen. Ich denke, dies ist ein wichtiges Album für unsere Generation. Es ist mir egal, wie viel wir in den Staaten oder Europa davon verkaufen. Es wird ein Meilenstein für den HipHop sein, ein Richtungsweiser. Hier ist ein Punkt, auf den wir uns zubewegen können. Für mich bricht dieses Album die Barriere, die definiert: das ist deutscher HipHop, das ist schwedischer HipHop, das ist italienischer HipHop, das ist französischer HipHop, das ist amerikanischer HipHop. Nein, vergiss diese Titel: Es ist bloß HipHop, und das ist alles! Es ist eins. Und die Sprache ist das einzige, das sich unterscheidet. Die Art in der wir uns kleiden, benehmen, fühlen, ist identisch.«

Ich habe viel über Identität nachgedacht: »rassische« Identität, nationale Identität ... Mein ursprüngliches Denken akzeptiert keine Rassen, aber dahinter gibt es noch eine Ebene, auf der du einer Person in die Augen siehst und sein Wesen erkennst, weshalb das »rassische« unbedeutend wird. [RZA fällt dauernd mit »right, right« ein.]

»Natürlich, denn auch das Opfer von Rassismus, das sich als Opfer von Rassismus begreift, ist ein Rassist. Denn du bist kein Opfer von Rassismus, sondern von Ignoranz. Ich hatte vor kurzem einen Streit auf einer HipHop-Konferenz. Das Wort ›Nigger‹ war das Thema, und ich sagte, was ich dachte. Ich nenne meine Jungs meine Nigger. Das bedeutet uns nichts mehr. Wir sind weit oberhalb der Wort-Ebene. Es gibt dieses Kinder-Wort: ›Stöcke und Steine, brechen Beine, aber Wörter können mich nie verletzen‹. Und einer im Publikum sagte: ›Wie kannst du so was sagen. Es gibt viele Menschen die deshalb sterben und leiden müssen!‹ Ich sagte: ›Die haben nicht gelitten, weil sie Nigger waren. Wir nennen weiße Jungen Nigger, weiße Jungen nennen einander Nigger und sogar Mädchen nennen sich Nigger. Es ist nur ein Slangwort! Wir haben durch unsere Lebensweise die gesamte Definition des Wortes geändert. Ich sag zu meinem Anwalt: ›Du bist ein verrückter Nigger!‹ Und er erwidert halt irgendwas. Und dann sagte der Typ: ›Ja, der sagt das aber nur, weil er mit dir Geld verdient.‹ Aber es geht nicht ums Geld! Wenn du heute Abend diesen Ort verlässt, wird dich einer deiner Jungs Nigger nennen: ›Ey, was los, mein Nigger!‹ Ganz einfach. Aber die haben sich alle ein wenig über mich aufgeregt. Dann sprang ein Bruder auf und sprach von Sklaverei. Ich sagte, wir sind keine Sklaven mehr. Wir sind keine Sklaven mehr! Das Problem der Sklaverei ist, dass man nicht nur körperlich, sondern auch geistig versklavt war; mental tot, verstehst du? Er sagte: ›Ich bin immer noch ein Sklave!‹ Ich sagte: ›Wie kannst du noch ein Sklave sein?‹ ›Ich bin ein Sklave des Systems!‹ ›Die einzige Art und Weise, wie du ein Sklave des Systems wirst, ist, wenn du dich dem opferst, was das System dir anbieten kann. Na klar, wenn du das haben willst, was die Welt dir bieten kann, musst du dich wahrscheinlich dafür versklaven.‹ In meinem Song ›12 Jewels‹ sage ich: ›He who works like a slave, eats like a king!‹ Es hängt von dir ab!«

Deshalb: Ich bin zum Beispiel Deutscher, hab aber mit den meisten Leuten hier nicht wirklich viel zu tun. Ich fühle mich als HipHopper. Wenn ich nach Frankreich gehe, treffe ich Leute wie mich. Wenn ich in die USA gehe, treffe ich Leute wie mich, die so denken wie ich.

»Genau: Das ist die Macht von HipHop. Und diese Macht wurde von den Jungen, der Jugend erzeugt. Wu-Tang hat viel erzeugt, und die Art, wie wir es taten, war nicht allein durch Erfahrung gegeben, wir taten das auch durch Studium und Wissen [›knowledging‹]. Du hast wahrscheinlich in unserer Musik von den »gods and earths« gehört. Man sagt, diese und jene Theorie sei rassistisch. Man muss die Lehren genau lesen. Malcolm X hatte gleichzeitig Recht und Unrecht. Die Lehre besagt, man muss der Zivilisation beibringen, menschliche Familien zu organisieren – wenn nicht, sollst du bestraft werden. Wenn du diskriminierst, sollst du vom Leben bestraft werden. Wir sind alle Kinder des höchsten Wesens, unabhängig von Farbe, Rang und Namen. Und jeder strebt nach demselben Ziel, weißt du. Und wenn du diskriminierst, egal wen, einen verurteilten Mörder, ist es falsch, weil auch er ein Recht darauf hat, das Wort zu hören, um seines Herzensglück willen. Selbst wenn du ihn töten müsstest.

Ich will nicht zu religiös werden, aber in der Bibel heißt es: ›Wenn ich dem Gottlosen sage: Du musst des Todes sterben! Und du warnst ihn nicht und sagst es ihm nicht, um den Gottlosen vor seinem Gottlosen Wege zu warnen, damit er am Leben bleibe, – so wird der Gottlose um seiner Sünde willen sterben, aber sein Blut will ich von deiner Hand fordern.‹ (Hesekiel 3, 18) Weil du ihn nicht gewarnt hast! Und das steht in der Bibel, ist nicht von mir. Und das bedeutet: Auch wenn es sich um deinen Feind handelt, musst du ihm zumindest das Wort geben. Auch Mohamed, der nun viele Köpfe abschlagen musste, kam zuerst mit dem Buch. Und wenn die Leute das Buch nicht wollten, musste er ihnen selbstverständlich den Kopf abschlagen. Warum? Weil er sie gewarnt hat! ›Wenn du aber den Gottlosen warnst,‹ so geht es weiter, ›und er sich nicht bekehrt von seinem gottlosen Wesen und Wege, so wird er um seiner Sünde willen sterben, aber du hast dein Leben errettet.‹ (Hesekiel 3, 19) Er stirbt trotzdem. Ich denke, die HipHop-Kultur und -Welt ist so; es gibt keine Diskriminierung. Jeder versteht das auf seine Art. Aber natürlich gibt es auch schlechte Samen, die aufgehen. Wir versuchen selbstverständlich, es so richtig wie möglich zu halten. Aber ich stelle zum Beispiel fest, dass der schlechte Samen eher von den so genannten Erfindern stammt als von den so genannten Schülern. Das nervt mich gerade. Und deswegen nimmt ein Bruder wie ich die Gelegenheit wahr zu sagen: ›Yo, ich sag euch, wie es wirklich ist.‹ Gott hat den Menschen nach seinem Ebenbild geschaffen und deswegen ist es, wenn man einen Menschen wegen seines Äußeren zurückweist, als weise man Gott zurück!«

IV. DIE DISKURSIVE KONSTRUKTION AFROAMERIKANISCHER IDENTITÄT

HipHop als urbane Jugendkultur ist ein Mittel der kulturellen Selbstbestimmung und der Repräsentation Unterprivilegierter. Er hat in allen kulturellen Feldern – Musik, Sprache, Tanz, Geisteshaltung, Ideologie, Mode, Stil, Auftreten, Malerei und grafische Gestaltung – eigene Ausdrucksformen entwickelt. Sie zielen auf individuelle Artikulation und auf die Repräsentation im öffentlichen, sozialen Raum. Die Jugendlichen aus der Bronx der Siebziger, die keinen Zugang zu den offiziellen Stätten der Kultur und keine Repräsentanz in den Medien hatten, schufen sich so Codes der Abgrenzung. Diese dienten zur Konstruktion einer gemeinsamen Identität. Außerdem boten ihnen die entwickelten kulturellen Tools die Möglichkeit, sich gewaltfrei zu messen. Es fand eine Wiederaneignung der Definitionsmacht über die eigene Identität statt, welche im gesamtgesellschaftlichen Rahmen primär durch den Diskurs der Mainstreammedien geprägt wird. HipHop stellt einen Zugang in den Mainstreamdiskurs dar, der eine relative, durch diverse Machtfaktoren eingeschränkte, Autonomie und Definitionsmacht garantiert.

Das kompetitive Element der Kultur ist substanziell, sowohl für den HipHop als auch für den größeren Zusammenhang afroamerikanischer, oraler Tradition, dessen Teil HipHop ist. Obwohl HipHop in dieser afroamerikanischen Tradition steht, konstruiert HipHop nicht per se afroamerikanische Identität. Zwei Argumente sprechen dagegen: die Teilnahme hispanischer und weißer Jugendlicher am Diskurs und die kategoriale Trennungen überwindenden Postulate einiger Rapper. Diese verweisen vielmehr auf antirassistische Strategien. Legen wir allerdings den sozialen Kontext und kulturellen Background zugrunde, dem auch diese Rapper unwidersprochen entstammen – also Black Community und Black Music –, ist der Antirassismus eine versöhnliche politische Strategie der schwarzen Gemeinde, der ein humanistisches Menschenbild zugrunde liegt.

Über die Bedeutung des Slangs als Mittel der Abgrenzung und Markierung von Differenz zu Beginn der HipHop-Kultur erzählt Scorpio, einer der Rapper der Furious Five: »It's a situation with, you got most the brothers in the community back then like all of us grew up poor, you know what I mean. [...] And it was like a situation, you know, everybody strivin' to be a little different. So you got the big buildings on 42nd Street, Times Square, you got the big glamour of downtown. To feel special, you wanna create your own little world that they can't relate to. Yes, to a sense they can't relate to us, we don't want them relate to us, that's where slang comes from. So we could walk down the street, have a great conversation, talking all about them, right in front of them, they don't even know, cause we hit'n them up with slang. So that gave us a little bit of fake power, you know, that gave us some power, we felt different, we doing us some dang doing, so that's where rap started from.«[136]

Die Schilderung illustriert die Funktion des Slangs als Abgrenzung durch Sprach- und Habituscodes von den Orten der Gesellschaft, zu denen den Beteiligten der Zugang verweigert wird. Der simultane Effekt ist eine selbstentworfene gemeinsame Identität der Ausgegrenzten, auf die der Ausgrenzende keinerlei Einfluss üben kann, da er den Code der Kommunikation nicht kennt. Es wird Gleichartigkeit mit anderen produziert. Das bedeutet, dass die Kultur aus einer sozialen Begebenheit – Ausgrenzung – erwachsen ist und so zu einer direkten sozialen Kommunikation – z.B. Slangtalk – gefunden hat. Das Beispiel Slangtalk illustriert den dialektischen Prozess der Identitätsbildung, welcher durch Selbst- und Fremdzuschreibung geprägt ist. Dass die Ausgrenzung zu einer kulturellen Bewegung führt, ist aber keineswegs zwangsläufig. Je nach Lage der Opportunitäten gesellschaftlichen Handelns wären ebenso politische Strategien oder Resignation denkbar.

Das soziale Element ist konstitutiv für sämtliche afroamerikanische Musikstile. »Music, then, was not only something to do but also a *way* (Hervorhebung im Original) of doing it. For the black culture, particularly during the times of great cultural suppression, it was an act of physical, emotional, and social commitment. Black culture was thus not escapist in nature [...] but was a direct reflection of the combined experiences of many individuals, all of them grounded in reality. [...] There remains to this day no real seperation between life and art in black music. [...] Their music is a direct reflection, as well as an indirect cause, of social activity within the black community.«[137]

Ich erinnere an den oben zitierten Ausspruch KRS Ones, »you are Hip-Hop!«, der unterstreicht, dass HipHop ein lebensweltliches Phänomen ist. Die fehlende Künstler-Publikum-Trennung, die Partizipation des Publikums in oralen Kulturen, ist in diesem Kontext ebenfalls von Bedeutung. Der Künstler ist Produkt seines sozialen Umfeldes. Er ist der Sprecher der Gemeinde, ebenso wie ihr Priester. Die Priesterrolle übernimmt in der resäkularisierten afroamerikanischen Kultur der Sänger. Er spricht für das Publikum und, in einem quasimetaphysischen Sinne, das Publikum durch ihn.

DER »NIGGER« UND DAS GHETTO

Was ist das Ghetto? Oder was ist das Ghetto im HipHop-Kontext? Oft ist es ein romantisierter Ort und in Zusammenhang hiermit die einzige Handelsware der Bewohner. Gangstergeschichten aus dem Ghetto lösen in der reichen, weißen Welt oft ein angenehmes Schaudern über die rauen Lebensbedingungen am unteren Ende des sozialen Stratums aus. »Die Unsicherheit, die das Fremde in uns auslöst«, so Bernhard Giesen, »ist eine Unsicherheit der Klassifikation: Es ist kein Objekt, aber auch kein Subjekt, das uns gleicht und von uns aus verstanden werden könnte. Das Fremde reizt und gefährdet; es hat eine fast erotische Ausstrahlung [...].«[138]

Schießereien aus fahrenden Autos, Arbeitslosigkeit, genügend Zeit, mit den Freunden an Straßenecken abzuhängen, Drogen – all dies sind bekannte Bilder, sowohl vom HipHop selbst, als auch von Hollywoodstreifen (re-)produziert. Aber abseits all dieser Ghetto-Stereotypen existiert ein realer sozialer Raum, dessen Bewohner real unter den Verhältnissen leiden.

In der Vorstellung erscheint das Ghetto oft als »ethnisch homogener« Raum. In der Realität leben in den innerstädtischen Quartieren oft schwarze, weiße, asiatische und hispanische Menschen miteinander. Das Bild des »schwarzen« Ghettos trifft nicht einmal auf Chicago als der größten amerikanischen »Black City« zu. Aber: Noch leben fast 80% der Afroamerikaner, das sind 20 Millionen Menschen, in den großstädtischen Ballungszentren – es gibt seit Jahren eine Rückwanderung in den Süden. 60% dieser urbanen Bevölkerung leben in Ghettos. Innerhalb der Ghettos gibt es durchaus Wohlstandsgefälle. Wohlhabendere Schwarze ziehen es aufgrund der Erfahrung, dass weiße Rassisten keinen Unterschied zwischen einem reichen und einem armen »Nigger« machen, oft vor, in der Nähe der Black Community zu leben. So gibt es innerhalb der Ghettos, von radikalen Aktivisten als militärisch kontrollierte Reservate bezeichnet, nicht nur Slums, sondern auch mittelständische Gegenden und Villenviertel.[139]

Man hat es also mit zwei Formen des Ghettos zu tun: zum einen mit dem real existierenden, sozialen Raum Ghetto und zum anderen mit einer öffentlichen Vorstellung, die sich von diesem Ort gemacht wird. Der real existierende Raum ist Ursprungsort des HipHop. Hispanische und schwarze Ghettojugendliche brachten die Kultur in den Siebzigern zur Herstellung bislang mangelnden kommunikativen und öffentlichen Raumes hervor. Die von ihnen entwickelten Ausdrucksformen spiegeln ihr Bedürfnis nach öffentlicher Aufmerksamkeit und Kommunikation: Graffiti als visuelle Einschreibung in den urbanen Raum, Rap-Musik als akustisches Spektakel, das über »Ghettoblaster«, tragbare Kassettenrecorder, in die anderen städtischen Viertel getragen wurde. Eigentlich hießen die Recorder Boombox. Der Name »Ghettoblaster« wurde ihnen aufgrund ihrer Identifizierung mit den Ghettojugendlichen nachträglich zugeschrieben. HipHop als Kulturform ist eine Demonstration der Anwesenheit derjenigen, welche in der medial vermittelten Welt sonst abwesend waren. Es ist eine Form der kulturellen Selbstbestimmung und der medialen Selbstdarstellung. Etwas pathetisch überspitzt ist HipHop die effektvolle Selbstinszenierung der Vergessenen.

Der öffentliche Raum ist der Raum der Selbstdarstellung sozialer Gruppen. Firmen schreiben sich über Werbeplakate und großformatige Leuchtschrift in das Stadtbild ein, bauen repräsentative Gebäude und benennen öffentliche Plätze, Museen etc. Sozialen Gruppen ohne ausreichendes Kapital bleibt solcherlei verwehrt. Houston A. Baker schreibt hierzu: »The argument about boom boxes was not only a [...] quibble over the nature of liberty with respect to silence and noise. It was equally a panicked response by some citizens to what they perceived as the ethnic pollution of public space by the sonic ›other.‹ [...] Urban public spaces of the late twentieth century are spaces of audiovisual contest.«[140] In diesem Wettkampf der »sonic ›other‹« ist HipHop eine machtvolle Waffe der Unterprivilegierten für öffentliche Repräsentanz.

Die Codierung der Sprache im Slang markiert die Grenze zwischen Innen und Außen. Aber sie kann noch mehr. Sie schafft Aufmerksamkeit und Interesse – »Was sagen die da?« – und ist dazu fähig, feststehende Idiome mit neuem Bedeutungsgehalt zu füllen. Die Selbststigmatisierung der schwarzen Aktivisten als »Nigger« etwa hebt nicht nur die soziale Funktion der Ausgrenzung und Beleidigung auf, sondern schafft dem Begriff ein völlig neues Bedeutungsfeld. Über die Koppelung des Begriffs an eine Kulturform und an die hiermit einhergehende Attraktivität, gelingt es, die absolute Beleidigung so umzucodieren, dass »now we got white kids calling themselves niggers!«[141] »Nigger« zu sein wird zu einer begehrten Form der Identität. Es ist nicht mehr

Stigma, sondern Adel. Insofern stellt der Begriff, mit Bourdieu gesprochen, eine Institutionalisierung inkorporierten, kulturellen Kapitals dar, die den Status absichert. Die Grenzziehung, die durch die Umschreibung des Begriffs vorgenommen wird, ist allerdings so mächtig, dass nicht unbedingt jedes weiße Kid diesen Begriff straffrei verwenden darf. Hierzu bedarf es der langjährigen, festen und glaubwürdigen Verankerung in der Szene.

ZWISCHEN CIVIL RIGHTS UND BLACK PANTHER – RAP UND POLITIK

Rapper erzählen von afroamerikanischer Geschichte und schaffen damit eine Wiedererzählung vom afroamerikanischen Nationalismus in seinen verschiedenen Ausformungen: »Edutainment« über Marcus Garveys Aufruf »Escape from Babylon«, Elijah Muhammads Nation Of Islam (zu der auch Malcom X bis zu seinem Bruch mit ihr gehörte) und der Black Panther Party. Die Rapper zollen den gegenwärtigen Führern afroamerikanischer Gruppen, zum Beispiel Louis Farrakhan, Chef der NOI, Respekt, indem sie in den Credits der Platten gegrüßt werden. Chuck D. und andere tragen gelegentlich Mützen mit dem »X«-Symbol – für Malcolm X. Da die Begeisterung für einzelne dieser Anführer in unterschiedlichem Maße ausfällt, lassen sich die Rapper diesbezüglich nicht über einen Kamm scheren, aber Programme wie der afroamerikanische Nationalismus – »Gebt uns Land, lasst uns in Ruhe!« – können für gewisse Zeiten (etwa Ende Achtziger, Anfang Neunziger, als ein hoher politischer Bewusstseinsstand innerhalb des HipHops herrschte) als minimaler Konsens gelten.

Die verschiedenen politischen Programme ließen sich unter dem Symbol »X« wunderbar zusammenfassen. Nachdem Spike Lee seinen biografischen Film *Malcolm X* in die Kinos gebracht hatte, war das Symbol in der amerikanischen Öffentlichkeit über Merchandise-Artikel wie Baseball-Mützen omnipräsent. Die folgenden Zeilen aus Paris' Song *Escape From Babylon* drücken einen radikalen Standpunkt aus, dessen inhaltliche Nähe zum Programm der BPP und zu anderen radikalen politischen Konzepten der Sechziger und Siebziger nicht zu übersehen ist:

>»Unforgettable the words of wisdom
brought to light by the ten point system.
One, freedom and power to determine our destiny.
Two, full employment for the black community.
Three, fight the capitalist with a raised fist,
Buy black and stack awareness.
Four, peace and housing for the shelter of human beings.
Five, education and truth for the black youth.
Six, all black men exempt from military service
Hear my words and get nervous.
Seven, a quick end to police brutality,
Death of blacks at the hands of the P.D.
Eight, release all black men who are held in prison
Guilty for proven innocent.
Nine, black juries when brothers are tried in court.
And in addition to this we all want ten,
Land and bread and housing and education,
Clothing, justice and peace for the Black Nation.«[142]

Beschäftigungspolitische Forderungen, Antikapitalismus, eine neue Wohnungs- und Bildungspolitik, aber auch Antimilitarismus finden hier ihren Ausdruck. Die Polizei und das Gefängnissystem werden als Institutionen angesehen, die explizit gegen Schwarze gerichtet sind. Eine Lösung wären schwarze Jurys. Dieser Ansatz des schwarzen Nationalismus geht von der Überzeugung aus, dass die rassifizierte Gesellschaft der USA nicht ohne schwarze Autonomie befriedet werden kann. Paris steht also nicht in Einklang mit den bereits vorgestellten Konzepten von Künstlern der Native-Tongues-Family, die daran glauben, dass sich die kategorialen Trennungen überwinden lassen.

Der afroamerikanische Nationalismus ist als Konzept wie auch als Agenda politischen Handelns Produkt westlichen Denkens, also unauflösbar mit der Politik der Segregation der USA verknüpft, welche er reflektiert. Hierdurch erklärt sich, dass der afroamerikanische Nationalismus viele Stereotypen »weißen« Bewusstseins unreflektiert mittransportiert: kategorische Trennung, Überbetonung kultureller Differenz, Affirmation sozialer Fakten als Natur. Die Mehrheitskultur bildet damit nicht nur den Referenzpunkt, sondern ist als

Form, an der man sich abarbeitet, auch ungewollt Inspiration und Spiegelung der eigenen Bemühungen, Inhalte und Standpunkte.

Der Nationalismus der Sechziger ist aber bei weitem nicht die einzige Philosophie der afroamerikanischen Gemeinde. Politisch hat er zwar nach wie vor Bedeutung, doch seine Bewusstseinshaltung ist durch historische Erfahrung und theoretische Überlegungen durchaus ausgeweitet worden. Die erweiterte politische und anthropologische Bewusstseinshaltung lautet Afrozentrismus[143] und geht von einem Ursprung der gesamten Menschheit aus: Afrika – eine These, die durch jüngere Funde der Paläontologie unterstützt und als Monogenese bezeichnet wird. Der Afrozentrismus geht über jene Weltsicht, in der die Menschheit kategorial unterteilt wird, hinaus und betrachtet vielmehr die Gemeinsamkeiten, die alle Menschen verbinden. In dieser Hinsicht ist er zutiefst humanistisch. Die ganze Menschheit ist der »Tribe Called Quest«, auf der Suche nach Herkunft und Ursprung. Diese Theorie macht trennende Kategorien wie Sprache, Kultur und Rasse obsolet.

PARIS: THE DEVIL MADE ME DO IT, 1989/90

Folgendes Zitat von Scorpio geht davon aus, dass die trennende Kategorie Sprache im HipHop obsolet ist, obwohl es sich um eine sprachdominierte Kultur handelt: »I think for the first couple of years, you know, when rap first came out, I don't think, you know, Germany, Japan, Australia, a lot of them didn't know what we were saying, but it is a soul energy that came over the record, you know what I mean. [...] Some of them records, I don't know what they are talking about, but it's an energy that make me dance, you know what I mean, cause they just have a good vibe. So most oft it is vibe at first.«[144]

Mit Begriffen wie »Soul energy« und »Vibe« verwendet Scorpio metaphysische Begriffe, die Einheit stiften sollen. Der Vibe ist auch ein zentraler Aspekt im Jazz, in dem ebenfalls über Vibes kommuniziert wird. Das gleiche gilt für Blues, Soul etc. Der Begriff an sich ist schwer zu übersetzen und bezeichnet intuitive Stimmungen und Ahnungen, die Musik oder auch Situationen erzeugen können und mittels derer Gefühle nonverbal kommuniziert werden können – vorausgesetzt, die Beteiligten sind hierfür empfänglich, etwa durch jahrelange musikalische und kommunikative Übung.

Die Menschheit ist auf noch ungewisse – will sagen, wissenschaftlich unerforschte – Weise verknüpft und verbunden. Aus genau diesem Grunde kann der Afrozentrismus nicht zu der exklusiven Philosophie einer Gruppe gemacht werden. Diese Überlegungen werden von KRS One in einer Attacke auf eurozentrische Überlegenheitsgefühle, Neoklassizismus (omnipräsent in der amerikanischen Kultur, z.B. in der Architektur – Capitol, Weißes Haus) und die Superiorität humanistischer Bildungsideale artikuliert, indem er den Ursprung der Philosophie von Griechenland nach Afrika verlegt:

> »The Egyptians, giving birth to science mathematics
> and music
> Religion, the list goes on, you choose it
> Egypt was the land of spiritual questioning
> Egypt was the land of facts not guessing
> People from all over the world had come
> To learn from Egypt. Egypt number one!
> The people that believe in Greek philosophy know your facts
> Egypt was the monopoly
> Greek had learned from Egyptian masters
> You might say »Prove it!«, well here's the answers:
> Sixhundred and forty to threehundred and twentytwo B.C.
> Originates Greek philosophy
> But in the era Greece was at war
> With themselves and Persia once more
> Any philosopher at that time was a criminal
> He'd be killed very simple
> This indicates that Greece has no respect
> For science or intellect
> So how the hell you created philosophy
> When you killed philosophers constantly?«

In KRS Ones nicht-kategorischem Edutainment-Kanon wird Geschichte zu Politik, Politik zu Weltgeschichte und diese wiederum zu Anthropologie. Er nutzt das Format des Rap-Textes, um alles, was er aufgenommen hat, zu vermengen und den Zuhörer mit einer Ballung von Wissen zu verblüffen. Er zieht Verbindungslinien zwischen der Position des seiner Kultur als kriminell geltenden antiken griechischen Philosophen (»Any philosopher at that time was a criminal.« – Anspielung auf seine eigene Hymne *Criminal Minded*) und der Position des heutigen Rappers. Ebenso wie jener ist dieser als in den USA nicht respektierte Person der Wahrheit verpflichtet. Damit stellt KRS One den Rapper in eine Reihe mit den griechischen Märtyrern, die für die Wahrheit, die Wissenschaft und die Philosophie ihr Leben ließen (»He'd be killed very simple.«). Außerdem postuliert er:

»The point isn't just we descent from kings,
Science, art and beautiful things
African history is world's history!
This is the missing link and mystery.«

KRS One argumentiert nicht als Historiker, sondern sehr metaphysisch. Wie erwähnt bezeichnet er sich selbst als »Metaphysician« des Rap. Indem KRS One den Afrozentrismus mit seinen humanistischen Zukunftsvorstellungen als »Missing link« preist, erteilt er apokalyptischen Visionen – die es im HipHop en masse gibt – eine Absage. Das, was das bislang dominierende eurozentrische Denken hervorgebracht hat, sei jedoch nicht rundweg abzulehnen und zu zerstören, um die nächste zivilisatorische Stufe zu erklimmen, sondern mit den neuen Erkenntnissen des Afrozentrismus in Verbindung zu setzen, zu »linken«. Somit sieht sich der Afrozentrismus als ein harmonisches Ergänzungsangebot, das die Wunden der kategorialen Trennung zu heilen sucht.

Auf die subversiven Inhalte schwarzer Musik wurde bereits hingewiesen. HipHop führt eine lange Traditionen fort, indem er sowohl direkt wie auch versteckt bestehende Machtstrukturen kritisiert und musikalisch wie textlich einen Kanon afroamerikanischer Geschichte fortschreibt.

»With vice I hold my mike device
With force I keep it away of course
And I'm keepin' you from sleepin'
And on the stage I rage
And I'm rollin'
To the poor, I pour it on in metaphors
Not bluffin', it's nothin'
We ain't did before.«[145]

»Pouring it in metaphors [... is] nothin' / We ain't did before« – Chuck D bezieht sich mit diesen Zeilen direkt auf den historischen Kontext, in dem HipHop steht. »Slave dances, blues lyrics, Mardi Gras parades, Jamaican patios, toasts, and signifying all carry the pleasure and ingenuity of disguised criticism of the powerful. [...] Under social conditions in which sustained frontal attacks on powerful groups are strategically unwise or succesfully contained, oppressed people use language, dance, and music to mock those in power, express rage, and produce fantasies of subversion.«

DIE ÖKONOMISCHE PERSPEKTIVE

HipHop bietet den Aktivisten – zumindest denjenigen, die sich der Musik widmen – spätestens seit der Sugarhill Gang eine Möglichkeit, Geld zu verdienen. Je größer die Erfolge wurden und die Basis des HipHop ausgebaut werden konnte, umso größer wurde die Anzahl derjenigen, die Anteil am kommerziellen Erfolg haben konnten. Die ersten MCs sangen bereits von Gold und großen Wagen, Champagner und edelsten Kleidern. Für sie waren dies allerdings nur Wünsche.

Anfang der Achtziger hatte sich das Blatt gewendet. Durch die Erfolge der Pionier-Labels *Sugarhill Records* und *Enjoy* aufmerksam geworden, wandten sich auch die großen Firmen der Branche in der Angst, einen Trend zu verschlafen, dem neuen Hype HipHop zu. Man kaufte ein. Auf einmal konnten sich die Musiker tatsächlich dicke Ketten umhängen und mit Geld um sich werfen. Eric B & Rakim vollzogen die Pose des erfolgverwöhnten, selbstbewussten Typs, der sich nicht schämte, seinen Erfolg zur Schau zu stellen, so prominent und medienwirksam wie niemand sonst. Dies ist allerdings nicht unbedingt ein neues Phänomen. Schon andere Stile der Black Music machten ihre Produzenten zu wohlhabenden Bürgern. Der Jazz ermöglichte einigen Musikern bereits in den Dreißigern, ansehnliche Summen zu erwirtschaften. Diese Beispiele und weitere aus dem Sport begründen die allseits bekannte Behauptung, die Unterhaltungsbranche sei für Afroamerikaner der einzige Weg aus dem Ghetto.

Das Neue an dem Phänomen HipHop besteht allerdings darin, dass die Aktivisten dieses Mal direkt am Geschäft beteiligt waren. Sehr erfolgreiche Labels, wie *Def Jam*, *Skyywalker Records* und *Death Row* wurden von Leuten aus der Szene gemacht. Der Erfolg wurde durch die Tatsache begünstigt, dass sich der Musikmarkt auszudifferenzieren begann und die Majors mit ihrem großen bürokratischen Apparat zu träge wurden, um dem sich immer schneller drehenden Trendkarussell hinterherzulaufen und Kontakt zu den Szenen zu halten. Das konnten Labels, die selber aus der Szene stammten, sehr viel besser bewerkstelligen. Sie hatten nicht nur die besseren Kontakte zu den Musikern, sondern genossen auch deren Vertrauen, da man an der gleichen Kultur arbeitete und versuchte, »HipHop zu leben«. Das Geld floss nicht mehr in allen Fällen in ein System, von dem man nicht Teil war, sondern konnte für weitere Projekte autonom investiert werden.

HipHop schuf also nicht nur einen kulturellen, sondern auch einen ökonomischen Kosmos. Chuck D beschreibt das so: »Geschichtlich gesehen kam jeden Tag ein Verkäufer in unser Viertel und hat uns alle möglichen Sachen verkauft, gute und schlechte. Wir haben jedoch nie gelernt, der Verkäufer zu sein. Lasst euch von niemandem erzählen, man könne eine Revolution ohne wirtschaftliche Verwicklungen machen. Alles ist Wirtschaft. Wir sind absolut hinter dem Mond, weil wir die geschichtlichen Strukturen der USA nicht durchschauen.«[146]

Zu der ökonomischen Perspektive – Geld zu verdienen und dies nicht nur für den privaten Wohlstand zu benutzen, sondern zu reinvestieren und somit mit das Geld »arbeiten zu lassen« und Strukturen aufzubauen – gesellt sich ein politischer Gesichtspunkt: die revolutionäre Perspektive. Damit erweitert Chuck D das Spektrum klassischer, revolutionärer Politik um die ökonomische Perspektive. Es geht nicht allein darum, politische Macht durch klassische

Formen der Propaganda und der politischen Organisation in Parteien, Verbänden und Gewerkschaften zu erlangen, sondern auch darum, der Community durch ökonomischen Machtzugewinn mehr Gewicht in dem ausdifferenzierten, gesellschaftlichen Machtstratum zu verschaffen.

Dieser Aspekt ist sehr interessant, denn er erlaubt auch eine differenzierte Sichtweise auf historische Revolutionen. So lässt sich zum Beispiel spekulieren, ob die Motive der französischen Revolution – Freiheit, Brüderlichkeit, Gleichheit – rein politischer Natur waren. Unter der Perspektive von Chuck D wären diese politischen, humanistischen Begriffe Produkte einer gesellschaftlichen Klasse, des Bürgertums, die damit eine ihrer ökonomischen Stärke gerechte Repräsentation im politischen Sektor verlangt. Freiheit und Gleichheit sind deswegen nicht rein politisch motiviert, weil sie Grundvoraussetzung für eine Ökonomie der Konkurrenzsubjekte sind.

Welcher Position man jetzt auch folgen mag: Für viele der Aktivisten bleibt der revolutionär-ökonomische Ansatz von Bedeutung. KRS One findet hierfür noch deutlichere Worte. Wie viele andere Rapper veröffentlicht er seine Platten teilweise selbst und nutzt die Strukturen der Major-Companies nur für den Vertrieb (siehe *Def Jam, Luke Skyywalker Records* etc.). Für die Firma RCA, über die er 1988 die Wiederauflage von *Criminal Minded* als *Man and his Music* vertreibt, sagt er: »RCA war eigentlich eine rassistische Organisation. Sie haben Elvis, und der hat immer gesagt, die Schwarzen wären eben gut genug, um seine Schuhe zu putzen. Und RCA war darin verwickelt. Die beste Taktik ist immer noch, sich mit seinem Gegner zu verbünden, bis man auf seiner Höhe ist und ihm die Gurgel durchschneiden kann.«[147]

HipHop bleibt auch unter dem Vorzeichen der Marktgesetze soziales Produkt, das sich seiner selbst, will sagen seiner Herkunft wie Stellung, sehr bewusst ist. Auch durch Erfolg verwöhnt, vergisst ein MC wie KRS One nicht, warum er im Geschäft ist und hat auch keine Scheu, dies öffentlich zu artikulieren. Damit ist er ein Zwischending: kein reines Marktprodukt und nicht rein soziales Produkt. HipHop schillert zwischen Community und Musikgeschäft.

Der Vollständigkeit halber sei hier aber auch die Kritik an dermaßen idealistischen, revolutionären Standpunkten wiedergegeben. So fragt der New Yorker MC Jeru The Damaja in seinem Song *Ya Playin' Yaself* das imaginäre Gegenüber sehr pointiert: »If you got so much cheese, where are the black distributors? / And these record companies shake 'em down like mobsters.«[148]

Am Geschäft wird der Musiker zwar aus ökonomischen Erwägungen beteiligt, von den Schlüsselpositionen allerdings wird er ferngehalten. Dieser Logik folgend ist der Traum, politische Repräsentanz über den Weg des ökonomischen Erfolgs zu erringen, eine zweifelhafte Illusion und Rechtfertigungsideologie der sozial Aufstrebenden.

REAKTIONEN AUF HIPHOP UND ÜBERLEGUNGEN ZU SEINER GESAMTGESELLSCHAFTLICHEN RELEVANZ

Der große und vor allem lang andauernde Erfolg von HipHop hat viele überrascht. Gerade die Produzenten der ersten Stunde hatten ursprünglich nicht damit gerechnet, dass aus ihrem wilden Stil ein veritabler Markt erwachsen könne. Eine kritische Perspektive auf dieses Phänomen öffnet sich, wenn wir Überlegungen zur Kulturindustrie und dem ihr immanenten Zwang, Neues zu finden und zu vermarkten, anstellen. Was gestern noch ein Hit war, lädt heute schon zu nicht mehr als einem mitleidigen Schmunzeln ein. So sind es heute auf dem Modelmarkt die blonden, blauäugigen Mannequins, die den höchsten Marktwert haben und morgen schwarze, übermorgen vielleicht asiatische Models. Unter diesem Aspekt wäre HipHop nicht alleine die erfolgreiche Kommunikation afroamerikanischer Inhalte, sondern Chic. »Es ist paradox«, schreibt Jonathan Rutherford, »– das Kapital hat sich in ›das Andere‹ verliebt: Das Anzeigengeschäft gedeiht, indem es uns Dinge verkauft, die unsere Einzigartigkeit und Individualität unterstreichen. Es geht nicht länger darum, mit den Joneses Schritt zu halten, sondern darum, anders als sie zu sein. Von Weltmusik bis zum exotischen Urlaub an einem Ort der ›Dritten‹ Welt, von ethnischen Fernsehfertiggerichten bis zu peruanischen Hüten: Die kulturelle Differenz *verkauft* sich gut.«[149] Man darf nicht vergessen, dass die Konsumenten von HipHop sich längst nicht mehr allein aus dem Ghetto rekrutieren, sondern viele Fans auch aus der weißen Mittelschicht stammen.

Was diese kritische Position stützt, ist die Tatsache, dass jede kulturelle Szene, die sich am Markt der Meinungen verkauft, über ihren Marktwert definiert wird. Marktwert wird über Oberflächlichkeiten hergestellt. Für einen

Künstler ist vor allem das öffentliche Image entscheidend. Man kann einen Hit verkaufen oder mit einem Image viele Platten. In der Image-Herstellung hat HipHop Meisterschaft entwickelt, was sich nicht zuletzt in den alle Jahre stattfindenden, grundlegenden Transformationen der Szene zeigt. Auch die Tatsache, dass das romantisierte Ghetto im Gangsta-Rap viele Anhänger der weißen Mittelklasse finden konnte, unterstützt Rutherfords Postulat.

Bei aller Kritik muss jedoch vermerkt werden, dass im HipHop sehr offene und direkte Kritik an kulturellen, sozialen oder politischen Zuständen geäußert wird. Ich schlage deshalb vor, beide Thesen als sich ergänzend zu lesen: Der Marktwert von HipHop mag durch äußere, von ihm nicht direkt beeinflussbare Faktoren – etwa den ethnisierenden Markt, der das Exotische liebt – steigen. Die kommunizierten Inhalte affektiert dies aber nur peripher, da Hardcore-HipHopper auf dem unverfälschten Kern ihrer Kultur beharren. Wie in allen Szenen gibt es kommerziell orientierte Künstler, die sich stark von marktstrategischen Überlegungen im künstlerischen Ausdruck leiten lassen und andere, denen der individuelle Ausdruck mehr wert ist als die Verkaufszahlen. Im Idealfall müssen sich diese vereinfachende Kategorisierungen – kommerziell vs. individuell – gar nicht ausschließen. Dass HipHop zum Teil sehr radikale Inhalte vor einem Massenpublikum kommuniziert, ist unbestritten. Gerade der sehr kontroverse Gangsta-Rap hat HipHop neue Türen des Erfolges geöffnet und gleichzeitig die Möglichkeiten des öffentlich Sagbaren erweitert. Nach Gangsta-Rap gab es keine Vokabeln mehr, die nicht auf Platte ausgesprochen werden konnten. Alles war möglich geworden, eben weil es der Gangsta-Rap kommerziell erfolgreich durchgesetzt hatte.

Die Kritik, die bis heute an HipHop geäußert wird, ist unterschiedlicher Natur: von feministischer Seite wird ihm Sexismus vorgeworfen, von christlicher Seite wird der Vorwurf erhoben, Rap sei amoralisch und anderen, etwa dem Deputierten Tory Terry Rimmer reicht schon, dass er schwarz ist: »Wenn wir unsere kleinen weißen Schätzchen solche Dschungelmusik hören lassen, werden sie, schneller als wir denken, einen Joint rauchen und mit schwarzen Schwänzen spielen. Ich weiß das, ich habe das schon in Kenia gesehen.«[150] Vor allem konservative Elternverbände greifen immer wieder in den moralistischen Diskurs um die Verdorbenheit der Popmusik ein. Zu ihnen zählen P.T.A. (Verband der Lehrer), P.M.R.C. (Parents Music Ressource Center), American

Family Association und Focus Of The Family. Zu den Mitgliedern zählen auch viele afroamerikanische Eltern.¹⁵¹

Mitunter reichen die Zensurbemühungen bis in die höheren politischen Ebenen. So übergab das FBI 1990 dem Kongress eine Studie zu »Rap und seinen Auswirkungen auf die nationale Sicherheit«. Chuck D rückt das Vorgehen gegen Rap in den klassischen, rassistischen Kontext: »Die vier Geißeln: Arbeitslosigkeit, fehlende Wohnungen, schlechte sanitäre Zustände und ein mittelprächtiges Erziehungssystem. Dagegen sind sie machtlos, also machen sie sich wegen anderer Dinge Sorgen, sie versuchen zu vertuschen, was die richtigen Ziele sein sollten. ›Wir haben einen Feind gefunden, und das seid ihr.‹ Nach ihrer Ansicht zerstört die 2 Live Crew die traditionellen amerikanischen Werte, von denen alle, die auf die Zeit der Sklaverei zurückblicken, wissen, wem sie nützen.«¹⁵²

BODY COUNT: COP KILLER, 1992

Gerade das Beispiel 2 Live Crew zeigt sehr deutlich, mit welchen Hadern die Rapper zum Teil zu kämpfen haben. Auch von Ice-T kann man ähnliches berichten. Dieser löste 1992 mit der Veröffentlichung *Cop Killer* einen landesweiten Skandal aus, der in der Konsequenz dazu führte, dass Ice-T das Album zurückziehen ließ und ohne den beanstandeten Titel wiederveröffentlichte. Außerdem trennte sich Ice-T von seinem Label, um fortan im eigenen Verlag zu veröffentlichen. Obwohl das Album *Cop Killer* mit seiner Band Body Count keine HipHop, sondern eine Metal-Platte war, las man in allen Zeitungen, es handele sich hierbei um eine HipHop-Veröffentlichung. Dies ist ein Spiel mit Erwartungshaltungen. »There is absolutely no way to listen to the song Cop Killer and call it a rap record,« erzählt Ice-T. »It's so far from rap. But, politically, they know by saying the word *rap* they can get a lot of people who think, ›Rap-black-rap-black-ghetto‹, and don't like it. You say the word *rock*, people say, ›Oh, but I like Jefferson Airplane, I like Fleetwood Mac – that's rock.‹ They don't want to use the word rock & roll to describe this song.« [Hervorhebungen im Original]

Eine weitere Anekdote schildert eindringlich, dass Rap nicht nur seitens der offiziellen Politik ins Visier genommen wird, sondern auch andere Institutionen zu blindwütigen Reaktionen reizte. So stürmten zwanzig Zivilpolizisten auf einem N.W.A.-Konzert in Detroit die Bühne, nachdem die Band ihren Titel *Fuck Tha Police* angestimmt hatte. MC Ren und Ice Cube, die sich der Verhaftung durch Flucht entziehen konnten, wurde später erzählt, dass die Polizei vorhatte, die gesamte Band von der Bühne weg zu verhaften.[153]

KONSTRUKTION DES MACHISMO

Ist HipHop sexistischer als andere Stile der Popmusik? Diese Frage taucht immer wieder auf, oft als Vorwurf formuliert, kann aber so pauschal nicht beantwortet werden. HipHop hat inzwischen zu viele Stile und Standpunkte entwickelt, als dass er in dieser oder anderen Fragen über einen Kamm geschoren werden könnte. Es finden sich sowohl antisexistische Positionen als auch religiös-puritanisch inspirierte, die der Frau eine klassische Rolle in der gesellschaftlichen Hierarchie zuweisen. Der Grund, warum HipHop und Sexismus – also die herabwürdigende Behandlung des anderen Geschlechts im Kontext von Machtverhältnissen – oft in einem Atemzug genannt werden, findet sich vor allem im Gangsta-Rap, der die Begriffe »Woman« und »Bitch« meist synonym benutzt und afroamerikanische Männlichkeit als unbeugsam und stolz stilisiert. Letztere wiederum findet ihre Entsprechungen in der kulturellen afroamerikanischen Geschichte. Rapper lehnen oft unter Verweis auf diese Tatsache eine Reflektion ihrer Standpunkte ab. Dies entspricht der von Ong beschriebenen Tatsache, dass orale Kulturen zu konservativer, traditionsverhafteter Haltung neigen.

Die Unterteilung des weiblichen Geschlechts in »anständige Frauen« und »Nutten« ist eine für Männer nützliche Normierung und repressive Hierarchisierung. »Die meisten Leute sagen, wir respektieren keine Frauen. Ich sage, ein Schuh ist zum Gehen da. Wenn du eine Nutte bist, und du hast dein ganzes Leben an Schwänzen gelutscht, dann kannst du das persönlich nehmen. Aber wenn du eine Frau bist, die sich darin nicht wiedererkennt, nimmst du es als

Spaß. So einfach ist das«, sagt etwa Luke Skyywalker über den eventuell verletzenden Gehalt seiner Texte.

Und auch von Rapperinnen wird diese Kategorisierung oft übernommen. So sagt Queen Latifah: »Ich sehe diese Sex-Sprüche aus einer anderen Sicht. Ich denke, dass die Frauen, über die in diesen Songs gesprochen wird, sich selbst erniedrigen. Sie denken zu materiell, sie sehen nur das Auto, das Geld, das Gold und dafür müssen sie diese Sprüche einstecken. Das ist der Preis, den sie zahlen müssen. Sie haben keinen Respekt vor sich selbst, und so haben die Rapper keinen Respekt vor ihnen.«[154]

Die beschriebene Realität spiegelt den Zusammenhang von Sex und Macht, wie ihn auch Foucault in *Sexualität und Wahrheit* analysiert.[155] Sexismus wirkt genau wie Rassismus in unterschiedlicher Weise. Ein sozial marginalisierter Schwarzer hat ganz andere Erfahrungen mit Rassismus als ein mittelständischer Akademiker. Und die Tatsache, dass eine Person aufgrund primordialer Merkmale ausgegrenzt wird, bedeutet nicht, dass sie sich nicht in der komplexen gesellschaftlichen Hierarchie kleine Nischen suchen und ähnliche Machtprozesse reproduzieren könnte. Tricia Rose schreibt hierzu: »Attempts to deligitimate powerful social discourses are often deeply contradictory, and rap music is no exception. To suggest that rap lyrics, style, music, and social weight are predominantly counterhegemonic [...] is not to deny the way in which many aspects of rap music support and affirm aspects of current social power inequalities.«[156]

Wenn alle Frauen aus Sicht des Mannes nur das Eine wollen, nämlich Geld, wird die Weltsicht paranoid. Die einzige Frau, die man wirklich respektieren kann, ist aus dieser paranoiden Perspektive die eigene Mutter. Der Sexismus gibt sich hier als Produkt des bürgerlichen Konkurrenzsystems zu erkennen. Die Position des sozial marginalisierten, afroamerikanischen Mannes wird etwa von koreanischen Ladenbesitzern (die bei den L.A. Riots 1992 stark attackiert wurden) oder antipatriarchalen, afroamerikanischen Frauengruppen bedroht, da diese ihm die eigene Frau, beziehungsweise die Position, in der er sie hält, wegzunehmen drohen. Für ihn können diese Leute oder auch homosexuelle Schwarze einen Angriff auf seine soziale Nische darstellen. Hieraus resultiert der oft aggressive Ton, der es ihm in Konsequenz erlaubt, sich als Rebell zu stilisieren. Seine Rebellion ist aber eine vordergründige, da sie auf dem Boden einer gemeinhin akzeptierten gesellschaftlichen Moral bleibt.

LAURYN HILL, THE SOURCE MAGAZINE, 1998

Der machistische Rebell hat nicht wirklich etwas zu verlieren, er bleibt dem Konsens verpflichtet.

Günther Jacob schreibt: »Ice Cube richtet sich *auch* [Hervorhebung im Original] gegen die Hindernisse, die eine rassistische ›weiße‹ Gesellschaft auftürmt, aber er richtet sich genauso gut gegen Frauen, Schwule, neue Einwanderergruppen und weniger durchsetzungsfähige Afroamerikaner.«[157] So macht Ice Cube beispielsweise in Stücken wie *A Bitch is a Bitch* oder *Bitch Killa* die Frauen für die Gewalt im Ghetto verantwortlich, da ihre Geldgier die Männer zu kriminellen Handlungen treiben würde. Letztendlich können wir den HipHop nicht losgelöst von der Gesellschaft betrachten, aus der er stammt. HipHop als Kunstform reproduziert oder reflektiert in seinen Texten soziale Wirklichkeit. Hierzu zählt der Sexismus ebenso wie der Wunsch nach Reichtum oder die Gewalt der Straße. So sagt auch Lauryn Hill, eine der erfolgreichsten Rapperinnen, Ende der Neunziger, dass HipHop sicherlich sexistisch sei, aber dies ebenso auf die gesamte Gesellschaft zuträfe.[158] HipHop ist keine Ausnahme, sondern soziales Produkt.

V. SCHLUSS

Kollektive Identität ist eine Chiffre für das, was bestimmte Personen miteinander verbindet. Sie bezeichnet die Identifizierung von Personen untereinander, stellt also Gleichheit, bzw. Gleichartigkeit her und ist per definitionem mit der Existenz eines Außen verbunden. Sie markiert Differenz. Angehörige eines Kollektivs teilen eine soziokulturelle Herkunft und bestimmte Traditionen, gewisse Handlungs- und Lebensweisen, Orientierungen und Erwartungen. Handelt es sich bei dem kulturellen Phänomen HipHop nun um die Konstruktion afroamerikanischer Identität?

HipHop ist fest in die afroamerikanische Geschichte eingebunden. Dies konnte sowohl am Beispiel der politischen und musikalischen Geschichte wie an der langen oralen Tradition der afroamerikanischen Gemeinde nachgewiesen werden, deren Teil HipHop ist. Insofern erfüllt HipHop das Kriterium einer gemeinsamen Herkunft. Hierfür spricht auch die Tatsache, dass die Kulturform fest in der Gemeinde verankert ist und sich explizit als soziale Interaktion versteht. HipHop kommt nicht aus dem Nichts, sondern bezieht sich auf diese Geschichte und prägt damit gleichzeitig selbst, in einem dialektischen Verhältnis, die afroamerikanische Geschichte. Auch in der fehlenden Trennung von Künstler und Publikum liegt eine Traditionslinie oraler Kultur.

HipHop stammt aus dem Ghetto und ist somit ein urbanes Phänomen. Er ist kulturelle Handlungs- und Lebensweise der urbanen Jugend. Die Entstehung von HipHop ist an die »Opportunity structures« Großstadt, schwarze Bevölkerung und Ghetto gebunden. Allerdings waren weder die erste noch die folgenden Generationen von B-Boys und Fly-Girls rein schwarz, wie auch das Ghetto keinen ethnisch homogenen Raum darstellt. Dieser Punkt widerspricht der These dieses Buches. Ähnlich wie im Jazz engagierten sich auch Menschen anderer Hautfarbe in der Kultur. Aber genau wie der Jazz wird HipHop konsensual als Black Music bezeichnet und wahrgenommen. Dies findet seine Begründung in zwei Faktoren: Die überwiegende Mehrheit der Aktivisten ist schwarz, was auch die öffentliche Wahrnehmung des Phänomens prägt, und die Herkunft des Stils rührt aus anderen Stilen der schwarzen amerikanischen Musik.

HipHop entstand als kulturelle Artikulation von Marginalisierten, welche im öffentlichen Raum, dem Raum des Diskurses, unterrepräsentiert waren. Die Marginalisierten hatten keinen Zugang zum Meinungsmarkt. Er ist die Wiederaneignung der Definitionsmacht über die eigene Identität. Hierzu wurden verschiedene Ausdrucksformen entwickelt: DJ-ing, Rap, Breakdance,

Grafitti und eine eigene Mode. Somit hat sich HipHop sämtlichen Feldern kulturellen Ausdrucks eingeschrieben. Der eigene Stil ist sowohl Lebensstil als auch die Markierung der Grenze zum Außen. Slangsprache und Graffiti fungieren dabei, wie erwähnt, als codierte Kommunikationssysteme. Über Sprach- und Habituscodes wird ein Bild der eigenen Identität entworfen. Die Konstruktion von Gemeinschaft und von Differenz bedingen einander. HipHop ist Entwurf und Vermittlung von Identität. HipHop ist ein lebensweltliches Phänomen, das einem sozialen Kontext entspringt.

Durch die Stilisierung der eigenen Gruppe und die Markierung einer Grenze zur Mehrheitsgesellschaft wurde eine Kulturform geschaffen, die mehrerlei ermöglicht: Soziale Interaktion der Beteiligten untereinander und mit der Restgesellschaft, Kommunikation und die Möglichkeit, Geld zu verdienen. Die Umwandlung kulturellen und sozialen Kapitals in ökonomisches und dessen Institutionalisierung, etwa in der Form von Plattenlabels, bietet den Akteuren eine ökonomische Perspektive, dem Ghetto zu entkommen. Wie im Kapitel »Zwischen Civil Rights und Black Panther« gezeigt wurde, ist diese an eine politische Perspektive gebunden. Viele Rapper bleiben als erfolgreiche öffentliche Redner ihrer Herkunft aus der schwarzen Gemeinde verpflichtet und begreifen ihre Stellung im öffentlichen Diskurs als Möglichkeit, Einfluss zu nehmen und langfristige Strukturen aufzubauen, die sowohl ihre Stellung ökonomisch absichern wie auch anderen die Möglichkeit geben, am eigenen Wohlstand teilzuhaben.

Mit dem ökonomischen Erfolg vor allem des Gangsta-Rap kam es zu einer Vermarktung und Romantisierung des Ghettos. Dies führte zu einer Verklärung der real existierenden Orte. Der verstellte Blick kommt der öffentlichen Erwartungshaltung, wie das Ghetto zu sein habe, entgegen, da die öffentliche Erwartung den veritablen Meinungsmarkt strukturiert. Das Ghetto ist die einzige Handelsware der Bewohner. Der Markt wird also durch die (Re-)Produktion von Klischees des Ghettos bedient. Aber es lassen sich auch viele Beispiele für Texte finden, welche sich mit dem realen Ort befassen, ihn schildern oder politische Forderungen aus seiner Existenz ableiten.

HipHop ist als kulturelles Format nicht nur fähig, Erwartungshaltungen zu bedienen, sondern versteht es zugleich auch meisterhaft, mit diesen zu spielen und dieses Spiel teils in den Dienst subversiver Zwecke zu stellen, wie unter dem Stichwort Illness im gleichnamigen Kapitel illustriert wurde.

Die Herkunft aus afroamerikanischer politischer und kultureller – oder musikalischer und oraler – Tradition, seine feste Einbindung in den sozialen Kontext der Black Community und seine Strategien, die rassistische Trennung zu überwinden, erlauben es, HipHop als afroamerikanisches kulturelles Phänomen zu klassifizieren. Allerdings muss in Hinblick auf die Relevanz HipHop, die gesamte afroamerikanische Bevölkerung zu repräsentieren, differenziert werden. Diese ist weder eine sozial noch ideologisch oder kulturell geschlossene, homogene Gruppe. Auch afroamerikanische Eltern sind in Eltern-Organisationen wie der P.M.R.C. organisiert und bei weitem nicht mit den Inhalten der Lyrics konform. HipHop ist in seinem Ursprung ein Phänomen des urbanen Ghettos und der Unterschicht. Sein kommerzieller Siegeszug brachte die Ausweitung dieser Grenze auf sämtliche soziale Schichten und Regionen des Landes mit sich. Hiermit ging eine Ausweitung seiner gesamtgesellschaftlichen Relevanz und des HipHop repräsentierenden Personenkreises einher. Die öffentlichen Reaktionen auf HipHop, die proportional zu seiner Beliebtheit immer drastischer ausfielen, sprechen für diese Sichtweise.

Die Tatsache, dass HipHop als schwarze Kultur öffentlich wahrgenommen wird und dass sich die Mehrzahl der schwarzen Rapper der afroamerikanischen Gemeinde verpflichtet und zugehörig fühlen, erlauben es nach meinem Dafürhalten, Rap-Lyrics als wesentlichen diskursiven Beitrag zur Konstruktion afroamerikanischer Identität zu bezeichnen, auch wenn sich hieraus kein absoluter Anspruch ableiten lässt. HipHop ist Black Music, aber in den USA wird dieser Begriff mittlerweile auch vermieden. Man spricht inzwischen lieber von Urban Music. Im Idealfall schafft es HipHop, den Diskurs um afroamerikanische Identität zu befördern und gleichzeitig universalistisches Projekt verschiedener Bevölkerungsgruppen zu sein. Es gibt schwarze HipHopper, sowie weiße und Latinos, Asiaten, »yellow and purples«, es gibt sie vor allem in den armen Vierteln, aber auch in der Mittelschicht und sie alle teilen eines: HipHop Identity. »Color be damned.«[158]

NOCH WAS: CAPPADONNA VS. BAUDRILLARD

Ich setz mir Cappadonna vom Wu-Tang Clan auf's Ohr und bemerke, wie sich eine Sirene durch den Anfang eines Tracks schiebt. Ich frag mich, ob sie zum Stück gehört oder ob gleich wirklich ein Bullenwagen um die Ecke kommt – und entscheide mich für Erstes. Wir sind in Berlin, nicht in New York. Ich setz mich also auf mein Fahrrad und tret los ... direkt vor die Wanne. Die Realität ist härter als man denkt.

Ein Klang ist mir in seiner musikalischen Fassung so vertraut geworden, dass ich ihn für real halte. Die Realität konkurriert mit der Simulation und verliert. Zu meinem materiellen Nachteil, aber sie verliert. »Gut«, könnte man jetzt sagen, »Du bist im Kiffertran!«, aber das beweist rein gar nichts. Verloren ist verloren. Das akustische Warnsignal der Staatsmacht ist zu einem popkulturellen Symbol geworden und hat seinen Anspruch auf das Monopol verloren. Nicht mehr die Polizei allein verfügt über dieses Symbol, sondern die Samples und Hörspiele des HipHop – oder von mir aus auch TonSteineScherben – haben dieses Symbol übernommen und in ihren Kontext montiert, dem gleichen Signal einen anderen Sinn gegeben und somit seine Bedeutung gekapert.

Das Spiel mit den Symbolen hat die Realität nicht nur verändert, sondern ad absurdum geführt – auch wenn diese sich unter Zuhilfenahme ihrer Stieftochter Materialität auf perfide Art behaupten will, indem sie mich mit der Wanne umfährt. Das beweist rein gar nichts und ist das gleiche aggressive Verhalten, wie es ein zu Tode bedrohtes Tier an den Tag legt. Rücken zur Wand.

Allerdings darf man sich auch nicht zu lange über dergleichen freuen, denn schon mit dem zweiten Gedanken fällt auf, dass dieses Prinzip ja auch vice versa funktioniert und die andere Seite das Spiel genauso spielt, indem sie sich zum Beispiel eines Gangsta-Klischees bedient, um irgendeine Scheiße durchzusetzen.

Und dann, als Drittes und zur Ernüchterung fällt dir auf, dass es ja gar keine andere Seite gibt und wir die ganze Zeit nur ein ungewinnbares, weil nie beendbares Spiel spielen, dessen einzige Herausforderung es ist, die Regeln gut zu kennen.

milk this cow / the best way we know how / parkhill projects / ch k pao

ANMERKUNGEN

1 Die Bezeichnung von Menschen als »schwarz« und »weiß« scheint mir sehr problematisch. Ab welcher Hautschattierung hat man als »schwarz« zu gelten? In dem US-Bundesstaat Louisiana galt bis 1983 ein Gesetz, demzufolge Menschen mit 1/32 »schwarzen Blutes« (was auch immer das sein mag) als »Schwarze« anzusehen sind. (Vgl.: Demny, Oliver; Die Wut des Panthers, Die Geschichte der Black Panther Party; Münster, 1994; S.) Das Thema dieser Arbeit als auch die soziale Wirklichkeit der USA zwingen mich dazu, rassifizierende Kategorien zu benutzen, da die zu beschreibende soziale Realität dieser Kategorie folgend strukturiert ist. Die Kategorie Rasse ist ein soziales Konstrukt, das der Stratifizierung und Ordnung der Gesellschaft in untereinander konkurrierende Gruppen dient. Trotz meiner Überzeugung, daß solcherlei Kategorien keine Erklärkraft über das Wesen von Personen oder Gruppen besitzen, werde ich im fortlaufenden Text aus ästhetischen Gründen darauf verzichten, Hautfarben in Anführungsstriche zu setzen.
2 An dieser Stelle noch einmal in aller Klarheit: Es geht mir weder um die Reproduktion rassistischer Vorstellungen und Klischees, noch darum, kulturelle Phänomene an biologische Erscheinungsweisen zu koppeln. Aber bestehende soziale Gruppierungen schaffen sich ihren kulturellen Ausdruck. Ich möchte auch nicht die zahlreichen »nicht-schwarzen« HipHop- Aktivisten und -Liebhaber in den USA ignorieren oder diskreditieren, aber der Einfluss der Afroamerikaner auf HipHop – und die Definitionsmacht über das, was HipHop heute darstellt – ist stilprägend.
3 Break-Boys – anfangs Bezeichnung für Breakdancer wird der Begriff heute für alle Anhänger des Breakbeats, also des HipHops benutzt. Die Entsprechung zur Bezeichnung weiblicher HipHopper lautet Fly Girl. Dufresne, David; Rap Revolution; Neustadt, 1992; S. 442.
4 Baumann,Gerd; Ethnische Identität als duale diskursive Konstruktion; in: Identitäten; Assmann, Aleida (Hrsg.); Frankfurt a.M., 1998; S. 289.
5 Hierzu zählen neben dem Rappen das DJ-ing und die Produktion der Stücke, der Breakdance, die Grafittikunst, sowie der Style, also die Mode.
6 Wagner, Peter; Fest-Stellungen; in: Assmann, Aleida; Identitäten; Frankfurt a.M. 1998; S. 45.
7 Ebd.; S. 47.
8 Ebd.; S. 56.
9 Straub, Jürgen; Personale und kollektive Identität; in: Assmann, Aleida; Identitäten; Frankfurt a.M. 1998; S. 103 f.
10 Giesen, Bernhard; Kollektive Identität; Frankfurt a.M. 1999; S. 18.
11 Ebd.; S. 21.
12 Jäger, Siegfried; Kritische Dikursanalyse; Duisburg, 1993; S. 172.
13 Ebd.; S. 166.
14 Ebd.; S. 179 f.
15 Maas, Utz; Als der Geist der Gemeinschaft eine Sprache fand. Sprache im Nationalsozialismus; (Opladen, 1984; S. 18; zitiert nach: Jäger, Siegfried; Kritsche Diskursanalyse; S. 150.
16 Bourdieu, Pierre; Ökonomisches Kapital, kulturelles Kapital, Soziales Kapital; in: Kreckel, R. (Hrsg.); Soziale Ungleichheiten. Soziale Welt, Sonderband 2; Göttingen, 1983; S. 183; Zur Erläuterung Bourdieus' Begriffe beziehe ich mich auf diese und die folgenden Seiten.
17 Ebd.; S.190 f.
18 Ebd.; S. 194
19 Poschardt, Ulf; DJ Culture, Diskjockeys und Popkultur; Hamburg, 1997; S. 151 f.
20 Sidran, Ben; Black Talk; New York, 1971; S. 1.
21 Poschardt; S. 155.
22 Sidran; Ich weise auf das Erscheinungsdatum dieser Ausführungen hin, ein Zeitpunkt, zu dem HipHop als kulturelles Phänomen noch gar nicht existierte.
23 Sidran; S. 2.
24 Ong, Walter J.; Oralität und Literalität; S. 37.

25 Ebd.; S. 39.
26 Ong weißt darauf hin, daß Lévi-Strauss in diesem Zusammenhang schreibt, das »wilde Denken«, welches bei Ong synonym für das orale Denken steht, ein »zusammenfügendes« sei. (Ebd. S. 44) Allerdings sei darauf hingewiesen, daß Lévi-Strauss' Analyse über den Gegenstand der Oralität hinausgeht und sich mit Formen der Magie und des Totemismus auseinandersetzt.
27 Sidran.; S. 3.
28 Ong; S. 38.
29 Sidran.; S. 11; Zitat: Williams, Raymond; The Long Revolution; London, 1996; S. 55.
30 Marcuse, Herbert; Der eindimensionale Mensch, Studien zur Ideologie der fortgeschrittenen Industriegesellschaft; München, 1994; S. 105.
31 Demny, Oliver; Die Wut des Panthers; Münster, 1994; S. 15.
32 Toop, David; Rap Attack; St. Andrä-Wördern; S. 71 f.
33 in: The Source; November 2001; S. 75 f.
34 Cleaver, Eldridge; Post Prison Writing and Speeches; S. 129; zitiert nach: Sidran, Ben; Black Talk; N.Y. 1971; S. 30.
35 Haley; S. 107.
36 Poschardt; S. 157.
37 Ebd.; S. 152.
38 Poschardt; S. 191.
39 Baber, Ceola Ross; The Artistry and Artifice of Black Communication; in: Gay, G., Baber, W. L.; Expressively Black. The Cultural Basis of Ethnic Identity; New York, 1987; S. 29; eine andere, etwas drastischere Variante lautet folgendermaßen:»There hadn't been no shift for quite a bit / so the Monkey thought he'd start some of his signifying shit / It was one bright summer day / the Monkey told the Lion, ›There's a big bad burly motherfucker livin' down your way.‹ / He said, ›You know your mother that you love so dear? / Said anybody can have her for a ten-cent glass a beer‹.« zitiert nach: Toop, David; Rap Attack, African Jive bis Global HipHop; St. Andrä-Wördern, 1992; S. 39.
40 Dufresne; S. 20.
41 Ebd.; S. 166 f.
42 Zitiert nach: Toop, David; Rap Attack; St. Andrä-Wördern, 1992; S. 72.
43 Zitiert nach: Toop; S. 70.
44 Poschardt.; S. 182.
45 Ebd.
46 Dufesne; S. 47 f.
47 Rose, Tricia; Black Noise, Rap Music and Black Culture in Contemporary America; Hanover, NH, 1994; S. 138.
48 Dufresne; S. 46.
49 Adorno, Theodor W.; Dissonanzen; Göttingen, 1956; S. 17.
50 Ebd.; S. 22.
51 Ebd.
52 Ebd.; S. 38 f.
53 Zur sozialen Lage in der Bronx vgl. den Abschnitt »The Urban Context«; in Rose, Tricia; 1994; S. 27 ff.
54 Sidran; S. 14.
55 Ebd.; S. 13.
56 Marcuse; S. 104 f.
57 Toop, David; Rap Attack, African Jive bis Global HipHop; St. Andrä-Wördern, 1992; S. 40.
58 »Lyrics. That's the most important thing. You can't just be talking out of the side of your neck. ›I'm this. I'm that. I can get that girl. I can screw him.‹ It's got to be intellectual enough to make somebody sit back and say, ›Dang, that shit makes some sense‹.« Kid Frost; in: Small, Michael; Break It Down; New York 1982; zitiert nach Poschardt; S. 152.
59 Morley, Jefferson; Rap Music as American History; in: Stanley, Lawrence A.; Rap the Lyrics; New York 1992; S. XXXi.
60 Poschardt; S. 153.
61 Poschardt; S. 190.
62 Stetsasonic; »Talking All that Jazz«; in: Stanley, Lawrence A; Rap, The Lyrics, Words to Rap's Greatest Hits; New York, 1992; S. 313.
63 Boogie Down Productions; »House Niggas«; in: Stanley, Lawrence A.; New York, 1992; S. 38 ff.
64 Slovenz Madeline; Rock The House; in: New York Folklore, Vol.14/No. 3–4, 1988; S. 151.
65 Poschardt; S. 187.
66 Stanley; S. 318.
67 Scorpio, Mitglied von Grandmaster Flash and the Furious Five; zitiert nach PONS online.
68 Stanley; S. 318 f.
69 Haley; S. 79–102.
70 Zitiert nach ebd.

71 Run D.M.C.: My Adidas; Stanley; S. 273.
72 Ebd.; S. 269 f.
73 Dufresne; S. 57.
74 Ebd.; S.70 f.
75 Ebd.; S. 62 f.
76 Ebd.; S. 95.
77 Toop; S. 204
78 Jacob, Günther; Agit-Pop: Schwarze Musik und weiße Hörer; Berlin, 1993; S. 199.
79 Chuck D, in Time Out; 7.–17.3.1990, London; zitiert nach Dufresne; S. 87 f.
80 Dufresne; S. 86.
81 Cuck D, in Sub Rock; 3.5.1990, Paris; zitiert nach ebd.; S. 87.
82 Public Enemy: Fight the Power; in: Stanley; S. 259.
83 Dufresne; S. 90.
84 Public Enemy; It Takes A Nation Of Millions To Hold Us Back, 1989; Titel: Bring the Noise.
85 Overlord X; in: HipHop Connection #18, Juli 1990; zitiert nach Dufresne; S. 90.
86 Toop; S. 206.
87 Chuck D in Spin, Black II Black, 10/90; zitiert nach: Toop; S. 206.
88 Duferesne; S. 93.
89 zitiert nach: Toop, David; Rap Attack; St. Andrä-Wördern, 1992; S. 195.
90 Ebd.; S. 196.
91 Zitiert nach: Dufresne; S. 211.
92 Toop.; S. 207 f.
93 Toop; S. 207 f.
94 Dufresne; S. 220.
95 Ebd.; S. 221.
96 Rose; S. 128.
97 Stanley; S. 234 f.
98 Toop; S. 208 f.
99 Beide Zitate in Dufresne; S. 221.
100 Toop; S. 209.
101 Jacob, Günther; South Central; in: ebd.; S. 284.
102 In: Toop; S. 212 f.
103 Ice-T; »Colors – Original Motion Picture Soundtrack«; 1988.
104 Dufresne; S. 229 ff.
105 Dufresne; S. 153.
106 Queen Latifah; The evil that men do, in: Stanley, Lawrence A.; Rap, The Lyrics; Harmondsworth, 1992; S. 267 f.
107 Das Idiom »tax-free« als Ausdruck der Verdammung von unrechtmäßigem Wohlstand ist zudem eine Analogie des strukturell-antisemitischen Wortes vom »schaffenden und raffenden Kapital«. Diese Interpretation ist von der Protagonistin sicher nicht intendiert. Ihr Ansatz ist eher ein positiv existentialistischer, der davon ausgeht, dass das Richtige auch im Falschen möglich ist. Do the right thing!
108 Toop; S. 217.
109 Dufresne; S. 159.
110 Oft dokumentiertes Phänomen: siehe u.a. den Episodenfilm »Night on Earth« von Jim Jarmush oder höre »Mr. Cab Driver« von dem schwarzen Rockmusiker Lenny Kravitz.
111 Jungle Brothers; Black is black in: Stanley; S. 176.
112 Dufresne; S. 101.
113 Toop; S. 225.
114 Dufresne; S. 115.
115 Dieser Begriff stammt ursprünglich aus dem amerikanischen Militär und ist Ausdruck der Kampfesstärke. In den Siebzigern übernahm die Pornofilmszene diesen Ausdruck, um auf die Kraft ihrer Filme hinzuweisen. In den Achtzigern gelangte dieser Begriff dann in den HipHop, um die raue ursprüngliche, nicht kommerziell verwässerte Musik zu bezeichnen. Von hieraus wanderte das Idiom in den Punk, um einen Substil, rauher und schneller als der ursprüngliche, am Rock'n' Roll orientierte Punk, zu bezeichnen. Hardcore bezeichnet im musikalische Sinne einen Reinheitsgrad und repräsentiert somit eine Geisteshaltung bei Produzent, wie Publikum, welche sich »der wahren Idee« des Stils verpflichtet fühlt.
116 Dufresne; S. 117.
117 Giesen, Bernhard; Die Intellektuellen und die Nation, Eine deutsche Achsenzeit; Frankfurt a.M., 1993; S. 68 ff.
118 Ähnlich wird in Deutschland die Machenschaften der Nationalsozialisten immer wieder als »verbrecherisch« gebrandmarkt werden, was formal nicht korrekt ist, – weil die Nazis immerhin gesetzgebende Gewalt hatten und demokratisch gewählt wurden – aber moralisch intendiert ist.
119 Auch hier wieder eine metafysische, apokalyptische Metafer: Das Wort »winter« suggeriert, daß die harte Zeit der Gegenwart

an ein zyklisches Ende geführt wird. Der Zyklus und die Apokalypse schließen sich keineswegs gegenseitig aus. Betrachtet man den Zyklus periodisch, so wird jede Periode (Winter) an ihr natürliches Ende geführt und unterscheidet sich fundamental und essentiell von der ihr folgenden.
120 Stanley; S. 44.
121 Dufresne; S. 122 f.
122 Zur Schilderung beziehe ich mich auf Dufresne; S. 128 ff.; Costello; S. 133 f.
123 Dufresne; S. 129
124 Ebd.; S. 176; die nachfolgende Schilderung des Falles bezieht sich ebenso auf Dufresne, S. 176–191.
125 Dufresne; S. 181
126 Dufresne; S. 183
127 Jungle World # 40; 29.9.1999.
128 Ebd.; »Unamerican raptivity« ist eine Anspielung auf die amerikanische Prozesswelle der Vierziger- und Fünfzigerjahre, die sich vor allem mit dem Namen McCarthy verbindet. Dieser Senator verfolgte vermeintliche wie tatsächliche Kommunisten wegen »unamerican activities«. Ol'Dirty Bastard stellt seine Tätigkeit als Rapper, wie lebendes Gesamtkunstwerk (die HipHop-Zeitschrift The Source spricht von ihm als einem »walking riot«) in den Kontext politischer Verfolgung.
129 Ich beziehe mich im Folgenden auf Radikal: Le Magazin du Mouvement Hip-Hop # 12; Paris; Juli-August 1997.
130 Ich beziehe mich zur Schilderung der Ereignisse auf Ex, Kris; Tupac, Das Leben nach dem Tod von Tupac Amaru Shakur; in: Spex 12, 1996; S. 20–23.
131 Dieser Umstand findet sich in dem Lied »Fuck Compton« des New Yorker Rappers Tim Dogg dokumentiert.
132 In: The Source; June 1999; S. 186
133 ebd.; S. 177
134 ebd.; S. 180
135 ebd.; S. 186
136 PONS online.de.
137 Sidran; S. 17.
138 GiesenBernhard; die Intellektuellen und die Nation, Eine deutsche Achsenzeit; Frankfurt a.M., 1993; S. 49.
139 Jacob, Günther; South Central; in: Dufresne; S. 282.

140 Baker, Houston A. Jr.; Black Studies, Rap and the Academy; Chicago, 1993; S. 43.
141 KRS One; »MC's Act Like They Don't Know«; auf: »KRS One«; 1995.
142 Paris; »Escape From Babylon«; The Devil Made Me Do It; 1989/90.
143 Ich beziehe mich auf Asante, M.K.; Afrocentricity: The Theory of Social Change; Buffalo, 1980.
144 PONS online.de.
145 Public Enemy; »Prophets of Rage«; auf: »It Takes a Nation of Millions to Hold Us Back«; 1989.
146 Dufresne; S. 168.
147 Dufresne; S. 118.
148 Jeru The Damaja; »Ya Playin' Yaself«; auf: Wrath of the Math; 1996.
149 Rutherford, Jonathan; A Place Called Home: Identity and the Cultural Politics of Difference; [leider weder Erscheinungsort noch –datum mit angegeben]; in: hooks; S. 27.
150 New Musical Express, 2. Juni 1990, GB; zitiert nach Dufresne; S. 187.
151 Dufresne; S. 188; die folgenden Ausführungen beziehen sich ebenso auf diese und die folgenden Seiten.
152 Vgl. Dufresne; S. 187 f.
153 Vgl. Dufresne; S. 189
154 Beide Zitate aus Jacob; in: Dufresne; S. 302 und S. 304.
155 Foucault, Michel; Der Wille zum Weissen: Sexualität und Wahrheit 1; Frankfurt, 1983.
156 Rose; S. 103.
157 Jacob; S. 120.
158 Vgl. The Source, # 108; September 1998; S. 227.
159 The Source; June 1999; S. 186

QUELLEN

Bücher und Aufsätze

Adorno, Theodor W.; Dissonanzen; Göttingen, 1956.
Asante, M.K.; Afrocentricity: The Theory of Social Change; Buffalo, 1980.
Assmann, Aleida (Hrsg.); Identitäten, Erinnerung, Geschichte, Identität 3; Frankfurt a.M., 1998.
Baker, Houston A., Jr.; Black Studies, Rap and the Academy; Chicago, 1993.
Baber, Ceola Ross; The Artistry and Artifice of Black Communication; in: Gay, G., Baber, W. L.; Expressively Black. The Cultural Basis of Ethnic Identity; New York, 1987.
Baumann,Gerd; Ethnische Identität als duale diskursive Konstruktion; in: Assmann, Aleida (Hrsg.); Identitäten, Erinnerung, Geschichte, Identität 3; Frankfurt a.m., 1998; S. 288–314.
Berg, Manfred; Politische Reformen und soziale Bewegung: Die afroamerikanische Bürgerrechtsbewegung des 20. Jahrhunderts; in: Neue Politische Literatur, Jg. 44 (1999) Heft 1; S. 40–51.
Bourdieu, Pierre; Ökonomisches Kapital, kulturelles Kapital, soziales Kapital; in: Kreckel, R. (Hrsg.); Soziale Ungleicheiten, Soziale Welt, Sonderband 2; Göttingen, 1983; S. 183–198.
Costello, Marc; Signifying Rappers; Hopewell, 1990.

Demny, Oliver; Die Wut des Panthers, Die geschichte der Black Panther Party, Schwarzer Widerstand in den USA; Münster, 1994.
Dufresne, David; Rap Revolution; Neustadt, 1992.
Foucault, Michel; Der Wille zum Wissen: Sexualität und Wahrheit 1; Frankfurt, 1983.
Giesen, Bernhard; Die Intellektuellen und die Nation, Eine deutsche Achsenzeit; Frankfurt a.m., 1993.
Giesen, Bernhard; Kollektive Identität, Die Intellektuallen und die Nation 2; Frankfurt a.m., 1999.
Haley, Alex; The Autobiography of Malcom X; Aylesbury, 1976.
hooks, bell; Black Looks, Popkultur, Medien, Rassismus; Berlin, 1994.
Jacob, Günther; Agit-Pop, Schwarze Musik und weiße Hörer; Berlin, 1993.
Jäger, Siegfried; Kritische Dikursanalyse; Duisburg, 1993.
Koepping, K.P.; Trickster, Schelm, Pikaro, Sozialanthropologische Ansätze zur Problematik der Zweideutigkeit von Symbolsystemen; in: Kölner Zeitschrift für Soziol. und Sozialpsychologie, Sonderhft 29, 1984.
Kreye, Adrian; Aufstand der Gettos: Die Eskalation der Rassenkonflikte in Amerika; Köln, 1993.
Maas, Utz; Als der Geist der Gemeinschaft eine Sprache fand. Sprache im Nationalsozialismus; Opladen, 1984.

Marcuse, Herbert; Der eindimensionale Mensch, Studien zur Ideologie der fortgeschrittenen Industriegesellschaft; München, 1994.
Ong, Walter J.; Oralität und Literalität; Opladen, 1987.
Poschardt, Ulf; DJ Culture, Diskjockeys und Popkultur; Hamburg, 1997.
Rose, Tricia; Black Noise, Rap Music and Black Culture in Contemporary America; Hanover, NH, 1994.
Sidran, Ben; Black Talk; New York, 1971.
Stanley, Lawrence A.; Rap the Lyrics; New York, 1992.
Straub, Jürgen; Personale und kollektive Identität. Zur Analyse eines theoretischen Begriffs; in: Assmann, Aleida (Hrsg.); Identitäten, Erinnerung, Geschichte, Identität 3; Frankfurt a. M., 1998; S. 73–105.
Toop, David; Rap Attack; St. Andrä-Wördern, 1992.
Ventura, Michael; Vom Voodoo zum Walkman; Löhrbach, 1992.
Wagner, Peter; Fest-Stellungen; in: Assmann, Aleida; Identitäten; Frankfurt a. M. 1998.

Presseberichte, Magazinartikel und Website

Jungle World # 40/1999: Zero Tolerance für Ol' Dirty Bastard; S. 23.
Morley, Jefferson; Rap Music as American History; in: New York Folklore, Vol. 14/No. 3–4, 1988.
www.PONSonline.de.; SCORPIO von Grandmaster Flash and the Furious Five.
Radikal: Le Magazin du Mouvement Hip-Hop #12; Paris; Juli–August 1997; S. 18–45.
Ex, Kris; Tupac; Das Leben nach dem Tod von Tupac Amaru Shakur; in: Spex 12, 1996; S. 20–23.
The Source; # 108, September 1998; S. 224–232.
The Source; June 1999; S. 174–186
The Source; November 2001; S. 75 f.

Schallplatten

DJ Premier; »New York Reality Check 101«; (Payday) 1997.
Executioners; »Musica Negra«; (Asphodel) 1998.
Ice-T; »Colors – Original Motion Picture Soundtrack«; (Sire) 1988.
Jeru The Damaja; »Ya Playin' Yaself«; auf: »Wrath of the Math«; (Payday) 1996.
KRS One; »MC's Act Like They Don't Know; auf: »KRS One«; (Jive) 1995.
Paris; »Escape From Babylon«; auf: »The Devil Made Me Do It«; (Thommy Boy) 1989/90.
Public Enemy; »Prophets of Rage«; auf: »It Takes a Nation of Millions to Hold Us Back«; (Def Jam) 1989.

Dank raus an Sibylle Scheipers, die mich auf die Idee brachte, über HipHop zu schreiben. Außerdem Dank an meine Profs Herfried Münkler und Klaus Eder, die mein Exoten-Thema interessiert begleitet haben, sowie an mein' Mann Basti Zett für Inspiration und an meinen Vater für Korrektur. Props an Martin Büsser für sein Interesse, dieses Buch zu veröffentlichen und an Shir Khan, weil er gegrüßt werden wollte. Big Up All o' Ya!

144 Seiten
ISBN 9783955750534

Yvonne Kunz

Jihad Rap
An den Rändern muslimischer Subkulturen

Islamistische Reime auf harten Beats zu schick geschnittenen Gräuelvideos. Das sind Propaganda-Tools im Werkzeugkasten der digitalen Demagogen des heiligen Kriegs. Ein verstörendes Beispiel findet sich im Berliner Ex-Gangsta-Rapper Deso Dogg. Als reimender Botschafter des IS lässt er die westliche Welt nun wissen: »Wir wollen euer Blut, es schmeckt so wunderbar.« Auch im größten Hit des Genres, »Dirty Kuffar«, preist Sheikh Terra in britisch-pakistanischem Englisch auf einem jamaikanischen Diwali Riddim das Töten von Ungläubigen.

Yvonne Kunz zeigt in »Jihad Rap«, dass in solchen Konstellationen ein schlingernder Prozess der Identitätssuche und Realitätsfindung zum Ausdruck kommt, der auf kulturelle Heimatlosigkeit verweist.

200 Seiten, mit Abb.
ISBN 9783-930559978

Volker Barsch

Rastafari: Von Babylon nach Afrika

Rastafari bedeutet mehr als Reggae-Musik und die rot-gelb-grünen Farben Jamaikas. Rastafari ist eine religiöse, aber auch – ebenso wie HipHop – eine soziale Bewegung. Eine Lebenseinstellung, die den gesamten Alltag ihrer Anhänger weltweit bestimmt.

Hier geht es um die Rückkehr in die innere Heimat Afrika, um eine eigene, »schwarze Sprache« als Gegenentwurf zum »weißen Babylon«.

Das Buch beschreibt diese Suche nach Identität und den mythischen Wurzeln, ohne die Problematik einer dadurch möglicherweise bedingten essentialistischen Weltsicht und von überkommenen Geschlechterbildern aus den Augen zu verlieren.